Wenn Träume wahr werden

Help - I need somebody ...
wie es weiterging

Walter Heidenreich

1. Auflage 2006

Bibelstellen wurden aus der Luther-Bibel, revidierte Fassung von 1984, bzw. aus „Gute Nachricht, Die Bibel in heutigem Deutsch", jeweils Deutsche Bibelgesellschaft, Stuttgart, 1991, zitiert.

Umschlaggestaltung: Thomas Tetzlaff, D-Lüdenscheid
Satz/DTP: Jens Wirth/ASAPH, D-Lüdenscheid
Coverfoto: Nicole Bendig, D-Münster
Druck: GGP Media, D-Pößneck

Printed in the EU

ISBN-10: 3-935703-73-2
ISBN-13: 978-3-935703-73-4
Bestellnummer 147373

Die Bibel

„Auch Erfahrene lernen aus diesem Buch noch dazu und machen Fortschritte in der Kunst, die Aufgaben des Lebens zu bewältigen.
Den Herrn ernst nehmen ist der Anfang aller Erkenntnis. Wer ihn missachtet, verachtet auch Weisheit und Lebensklugheit“ (nach Sprüche 1,5-7).

Widmung

Dieses Buch ist allen denen gewidmet, die schon über Jahrzehnte hinweg Schulter an Schulter mit mir auf dem Weg sind. Im Besonderen denke ich dabei an die Ältesten und ihre Frauen: Bernd und Susanne Mette, Martin und Gila Rohsmann, Helmut und Ulrike Diefenbach und Axel und Angela Wendt. Und ich denke an Sylvia Stier, verwitwete Nesovic, eine gute Freundin, die viele Jahre lang Teil dieses Schulterschlusses war, aber auch an alle anderen treuen und hingegebenen Mithelfer in der FCJG, bei HELP-International und in Foundry: Freunde, die mein Leben um so vieles reicher gemacht haben. Ihr Lieben, ihr wisst, dass ihr gemeint seid, wenn ihr diese Worte lest. Ein ganz besonderer Platz in meinem Herzen ist für Nikola Nesovic reserviert, er wird mir immer unvergessen bleiben.

Dank

Mein Dank geht an Rudi Pinke, der sich die Zeit genommen hat, mit mir eine Woche in der Versenkung zu verschwinden, um die Basis für dieses Buch zu legen.

Und mein Dank geht an meine Frau Irene, die sich in wochenlanger Kleinarbeit an die Ausarbeitung dieses Buches gemacht hat. Ohne ihre Kreativität und Phantasie wären weder das erste Buch, „Help – I need somebody“, noch dieses Buch geschrieben worden.

Erklärung

Ich habe mich bemüht, die Ereignisse der letzten Jahrzehnte so wiederzugeben, wie ich sie in der jeweiligen Situation erlebt und empfunden habe. Dabei erhebe ich nicht den Anspruch auf eine chronologisch exakte Reihenfolge. Vielmehr war es mein Anliegen, dem Leser einen Einblick in die Höhen und Tiefen meines Lebens mit Jesus zu geben. Hoffentlich viel Spaß und Inspiration beim Lesen!

Inhalt

Vorwort von Volkhard Spitzer

Wer die letzten Sätze der Apostelgeschichte liest, fühlt, als sei ein Film gerissen. Gerade noch ist man zutiefst bewegt von den großen Taten der Apostel, vom mächtigen Wirken des Geistes Gottes in der Urkirche, da bricht der Bericht des Lukas jäh ab. Dem bewegten, aber unbefriedigten Leser drängt sich die Frage auf: Wie ging diese Geschichte eigentlich weiter?

Mir scheint, als sei es die Absicht des Autors gewesen, uns mit den letzten Worten des Völkerapostels Paulus die göttliche Vision und damit zugleich ein Mandat zu hinterlassen: „Gott hat dieses Heil jetzt den Völkern der Welt angeboten … und die werden hören“ (Apostelgeschichte 28,28).

Die Geschichte der Kirche Jesu hat mit dem Ende des letzten Kapitels der Apostelgeschichte eben nicht aufgehört, sondern gerade erst begonnen. Täglich fügt der Heilige Geist neue Kapitel hinzu. Gott schreibt seine Geschichte mit den Menschen unaufhaltsam weiter – auch im High-Tech-Zeitalter des 21. Jahrhunderts. Die Kirche Jesu Christi lebt, sie wächst und gedeiht, besonders in Ländern, die der Frohen Botschaft bisher verschlossen geblieben waren – und noch immer gebraucht Gott Menschen.

Einer, der den Ruf Gottes wahr- und ernst genommen hat, ist Walter Heidenreich, ein Mann, der aus der Drogenszene kam und mit seiner unkonventionellen Art heute in großer Kühnheit und Freiheit, in der Kraft des Heiligen Geistes international tätig ist. Seine ehrliche Biographie wird jeden unvoreingenommenen Leser – unabhängig von seiner Herkunft – inspirieren können, sich Gott zur Verfügung zu stellen und Großes von ihm zu erwarten.

Ich hatte das Vorrecht, die Glaubensanfänge Walters ein Stück weit zu begleiten und seine geistliche Entwicklung und deren gottgewirkte Resultate interessiert verfolgen zu können: Walter Heidenreich ist heute in großer Bescheidenheit einer der führenden geistlichen Leiter unseres Landes – die Apostelgeschichte geht weiter.

Volkhard Spitzer, Pastor

Vorwort von Geri Keller

Auch Gott hat einen Traum: dass sein Vaterhaus brechend voll wird mit Menschen aller Sprachen, Rassen und Nationen. Ja, mehr noch: Dass wir schon auf dieser Erde verwandelt werden in den Charakter und das Bild seines Sohnes. In Walters Leben ist dieses Vorher und Nachher mit Händen zu greifen. So oft ich an ihn denke, sehe ich sein Gesicht vor mir. Und dieses Gesicht spricht lauter als tausend Worte. In ihm spiegeln sich das Wesen und die Menschenfreundlichkeit Christi, der Friede und die Freude des Reiches Gottes. Was für eine Urgewalt der Liebe Jesu, dass er aus kaputten, abgelebten Egoisten und Wracks brandneue Menschen schafft, die wieder echte Reinheit, Schönheit und Heiligkeit ausstrahlen – trotz aller Ecken und Kanten, die uns immer noch anhaften.

Und das Zweite, woran ich denken muss: Walters Kindertraum, einmal dorthin zu kommen, wo die Sonne untergeht, ist längst in Erfüllung gegangen. Im Wettlauf mit der Sonne jettet er als ein Gesandter für Christus rund um den Globus bis an die

Enden der Erde. Aber dieses so genannt Große geht bei ihm nie auf Kosten des Kleinen. Da wäre zuerst seine Ehe mit Irene zu erwähnen. Ihr kleines Häuschen auf der Wislade birgt wie eine Schatulle den verborgenen Schatz dieser Beziehung, die nie Schlagzeilen machte, aber deren Geschichte im Himmel aufgeschrieben ist. Dasselbe gilt für die vielen Freundschaften. Es ist eines, in riesigen Stadien zu sprechen, und es ist ein anderes, mit seinen Freunden auch mal rumzuhängen und sie mit unzähligen SMS und Ansichtskarten aus aller Herren Länder zu ermutigen, wie es Walter tut. In solch verborgener Treue im Kleinen liegt ein wesentlicher Schlüssel für die „Erfolgsgeschichte" dieses Buches.

Dazu ein Beispiel. Vor ein paar Jahren meldet sich Walter am Telefon: „Hallo, wir sind grad auf der Durchfahrt. Können wir bei euch reinschauen?" Wenig später standen sie da: Walter, Helmut und Martin, alle in schwarzen Lederjacken. Und dann legten sie los und beteten und brüllten an gegen die Berge, vor denen wir damals standen. Nachdem sie gegangen waren, war die Luft wieder rein und ich kam mir vor wie Abraham, zu dem einmal drei Männer zu Besuch kamen, um ihm die Geburt eines Sohnes anzukünden. Es war meine erste, so konkrete Begegnung mit dem dreieinigen Gott – Vater, Sohn und Heiliger Geist in schwarzen Lederjacken. Wie singt doch Johnny Cash: *„Lord, help me walk another mile, just one more mile; I'm tired of walkin' all alone. Lord, help me smile another smile, just one more smile; you know I just can't make it on my own."* Dieses Buch wird dir helfen, wieder einen Schritt weiter und tiefer zu gehen in der Erfüllung deiner Träume, und es wird dich mit einem neuen Lachen der Hoffnung beschenken.

Geri Keller

Einführung

Im Grunde geht es in diesem Buch um die Bestimmung des Menschen, um die des Gotteskindes im Besonderen. Es geht um das Erkennen der eigenen Berufung, um das Leben mit und in dieser Berufung und um das notwendige Ausharren nach dem Motto: „Never give up!“ Es geht darum, ob das eigene Leben ein erfülltes Leben ist, und um den ganz großen Wunsch, Gottes Herzen mit diesem Dasein zu erfreuen. Es geht um göttliche Perspektive im menschlichen Sein.

Dazu fällt mir eine kleine Geschichte ein. Ich wurde eingeladen, in einer Sendung bei „Focus Gesundheit TV“ meine Lebensgeschichte zu erzählen.

Die Macher dieser Sendung hatten im Internet nach jemandem recherchiert, dessen Leben zerbrochen gewesen war und der mit Gottes Hilfe wieder neu hatte anfangen können. Dabei waren sie irgendwie auf mich gekommen. Mit erheblicher Skepsis fuhr ich nach Köln, wo die Sendung produziert wird. Dort angekommen, durfte ich auf einer Couch im Studio Platz nehmen, und die Moderatorin begann mich interessiert zu interviewen. Ihren Fokus richtete sie dabei hauptsächlich auf meine erste einschneidende Gottesbegegnung.

Von der intensiven Beschreibung meiner Vergangenheit und meines ersten Gebets zeigte sich die Zuhörerschaft recht beeindruckt. Besonders die gelangweilten Techniker im Senderaum spitzten die Ohren. Die Tatsache, dass ein kaputtes Leben durch nur ein einziges schlichtes Gebet des Herzens in einem Moment, sozusagen von jetzt auf gleich, total verändert werden kann, war selbst für die Moderatorin offensichtlich schwer zu fassen. Dieses Gebet lautete ungefähr so: „Lieber Gott, wenn es dich gibt, dann brauche ich dich jetzt. Nicht morgen oder übermorgen, sondern jetzt, in diesem Moment. Hilf mir." Das war's.

Was ich damals noch nicht wusste: Es gibt einen wunderbaren Bibelvers für diesen speziellen, von Gott geschenkten Moment, die so genannte Telefonnummer Gottes, die einmalige Leitung, die immer frei ist: „Rufe mich an in der Not und ich will dich erretten und du sollst mich preisen" (Psalm 50,15).

Dieser einzigartige Gott der Liebe kommt so dem suchenden Menschen plötzlich ganz nahe. Er streckt ihm voller Leidenschaft seine Hände entgegen und verspricht, ihn zu lieben und zu gebrauchen.

Seit ich dieses erste Gebet zum Himmel geschickt habe, sind über drei Jahrzehnte vergangen. Rückblickend kann ich sagen, es lohnt sich definitiv, mit dem Gott der Bibel in einer persönlichen Beziehung zu leben. Damals hätte ich mir in meinen tollkühnsten Phantasien nicht ausmalen können, wie sehr aufregend und erfüllend das Leben mit Gott sein kann. Heute weiß ich, mit ihm und für ihn ist einfach alles möglich.

Ein einfaches Gebet, gesprochen Anfang der siebziger Jahre des vorigen Jahrhunderts, veränderte alles für mich.

Fang mich, befrei mich, gebrauch mich

Ich war christlich aufgewachsen und erzogen worden. Kaum vierzehn Jahre alt, löste ich mich bewusst von den Erwartungen meiner Eltern und verabschiedete mich aus der Welt des christlichen Glaubens. Meine großspurige Devise lautete: „Gott, wenn es dich wirklich geben sollte, was ich aber nicht glaube, dann fang mich, wenn du kannst.“ Falls er wider Erwarten doch existieren sollte, würde ich ihn schon austricksen, und ich war so und so flinker als er. Ich rannte dann etwa zehn Jahre, nur um am Ende doch von ihm eingefangen zu werden und zu begreifen: Es gibt ihn wirklich! Gott sei Dank!

Sollte es möglich sein, schon als großer Träumer geboren zu werden, dann wäre ich das beste Beispiel dafür. Ich wuchs in sehr bescheidenen Verhältnissen auf, als typisches Nachkriegskind im Nachkriegs-Deutschland. Meine Eltern und ich bewohnten eine nagelneue Zweizimmerwohnung von gut 35 Quadratmetern in einem dreigeschossigen Sechsfamilienhaus. Keine Heizung, kein Badezimmer – gebadet wurde einmal wöchentlich in der Zinkbadewanne in der Waschküche. Dabei ging es uns, was den Lebensraum betraf, noch relativ gut, da ich das einzige Kind meiner Eltern war. Die anderen Familien hatten alle mehrere Kinder und dazu nicht selten noch Omas, Tanten oder andere Familienangehörige bei sich wohnen.

Ich kann mich noch lebhaft daran erinnern, wie sehr mich Sonnenuntergänge faszinierten. Oft stand ich abends am Fenster und starrte in die Ferne, dabei ragte am Anfang meine Nasenspitze kaum über die Fensterbank. Mit den Jahren wuchs nicht nur ich, sondern auch meine Träume. Ich phantasierte davon, dahin reisen zu dürfen, wo die Sonne untergeht, und von den Abenteuern, die mich dort wohl erwarten würden. So entwickelten sich in mir über die Jahre hinweg ein heftiges Fernweh und der Wunsch, die ganze Welt der Wunder erkunden zu wollen. Koste es, was es wolle.

Ein weiterer Traum drehte sich um das Miteinander in einer großen Familie. Ich vermisste Geschwister. Die kinderreichen Familien in der Nachbarschaft zogen mich wie magnetisch an. Da war immer was los. Selbst das gemeinsame Essen wurde zum Abenteuer. Bei Erbsensuppe mit riesiger Schwarte – für Bockwurst reichte das Geld nicht – wurde gelacht, geschimpft, wurden die alltäglichen Banalitäten rauf- und runterbewegt. Das schlimme Ende kam immer abends, dann musste ich in die „Einzelhaft“ zurück, in die leere elterliche Wohnung. Hier umgab mich die Einsamkeit und ich hatte den leidigen Freiraum, vom turbulenten Leben in einer Großfamilie zu träumen.

Auch die US-amerikanischen und kanadischen Besatzungssoldaten prägten meine Kindheit. Verständlicherweise hatten die deutschen Erwachsenen zu den einst so verhassten Feinden ein noch recht gespanntes Verhältnis. Und genau das vermittelten sie auch uns Kindern. Allerdings bildete ich mir mein eigenes

Urteil. Zu mir waren die Männer in den fremden Uniformen mit der rollenden Sprache immer sehr nett und freundlich. Ich bekam Kaugummi und Kommissbrot geschenkt und manchmal durfte ich sogar auf einem der Panzer mitfahren. Sie waren irgendwie so locker. Ich mochte ihre unkomplizierte Art und Witzigkeit, sie brachten mich zum Lachen. Und sie machten mich neugierig auf Amerika und wieder träumte ich. Dazu kam noch, dass mein Vater mir die ersten Karl-May-Bücher kaufte. Die Träume wurden immer bunter.

Mit zunehmendem Alter kamen dann ernstere Träume hinzu. Ich war in eine Welt voller Ungerechtigkeit hineingeboren worden. Ich sah den großen Gegensatz zwischen Arm und Reich, sah die Kriege und das verzweifelte Ringen um Frieden.

Der Gedanke des Kommunismus, die Thesen von Che Guevara und Mao Tse-tung ließen mich träumen. Mehr und mehr wuchs in mir der Wunsch, diese Welt um jeden Preis zu verändern – und zwar zum Besseren. Der Versuch, diese Ziele zu erreichen, heiligte die Mittel. Die manchmal sehr gewalttätigen Demonstrationen standen im krassen Gegensatz zu meinen Idealen, aber das merkte ich nicht.

Schließlich entdeckte ich noch eine interessante Ader in mir, nämlich die des Missionars. Für alles, was mich irgendwie interessierte, ob Musik oder eine ideologische Richtung, ein neues Restaurant, ein sehenswerter Film oder ein spannendes Buch – eben alles, was meiner Meinung nach der Menschheit von Nutzen sein konnte –, lohnte es zu missionieren. Es fiel mir anscheinend in den Schoß, meine Begeisterung mit Menschen zu teilen.

Überhaupt habe ich immer schon gerne mit Menschen zu tun gehabt. Mit vierzehn musste ich eine Werkzeugmacherlehre anfangen, die mich in ein düsteres Fabrikgebäude zwang. Das war so ungefähr das Allerverkehrteste für mich. Hätte es damals schon den Beruf des Sozialarbeiters gegeben, dann wäre er sicher richtig für mich gewesen. Meine Parole hieß immer: Menschen müssen sich um Menschen kümmern.

Dann formierte sich der heute unter dem Begriff „Achtundsechziger-Aufbruch" bekannte Aufstand der Jugendlichen, im Gefolge die so genannte Hippie-Bewegung. Mit ihr kam die Erfüllung aller meiner Träume, so meinte ich. „Make love, not war", so tönte es weltweit aus unzähligen Mündern. Der bekannte Slogan versprach das Zeitalter vom Himmel auf Erden. Die Hippies waren ein wanderndes, fahrendes Volk mit bunten Träumen und blumigen Ideen. Und anfangs sah es wirklich so aus, als wenn es die Generation wäre, die das Paradies wieder auf die Erde zurückbringen könnte. Also schloss ich mich an. Diese Bewegung propagierte unter anderem auch das Leben in Großfamilien. Genau das wollte ich.

Hippiezeit und Rockmusik gehörten untrennbar zusammen. Der Klangteppich für mein ausgeflipptes Leben wurde bereits in den fünfziger Jahren gelegt, als ich zum ersten Mal Musik von Elvis Presley hörte. Ich knallte emotional völlig durch. Er wurde abgelöst durch die Beatles, die Rolling Stones und andere Bands aus England. Ich war Dauergast bei allen namhaften Festivals und besuchte Konzerte *en masse*. Auch rein äußerlich orientierte ich mich ausnahmslos an meinen Idolen. Irgendwie gehörte das Provozieren durch aggressives Auftreten und herausforderndes Äußeres zum normalen Alltag.

Selbstverständlich wirkte sich diese Lebenseinstellung auch auf das Verhältnis zu meinen Eltern aus. Meine Mutter hielt immer zu mir. Sie korrigierte mich niemals und liebte mich 150-prozentig. Die Beziehung zu meinem Vater dagegen wurde zunehmend angespannter. Ihm war der Lebensstil, den ich entwickelte, ein Gräuel. Es gab ständig Zoff wegen meiner langen Haare und meines Gesamt-Outfits.

So empfand ich mein Elternhaus als ein Wechselbad der Gefühle. Mal schien alles wie heiterer Sonnenschein, im nächsten Moment erwischte es mich eiskalt. Eine Begebenheit habe ich noch sehr lebhaft vor Augen. Nach einem Streit mit meinem Vater rannte ich wütend aus der elterlichen Wohnung, knallte die Türen hinter mir zu und stürmte auf die Straße. Eine Nachbarin, die neugierig aus einem der unteren Fenster guckte, konnte es sich nicht verkneifen, zu dem Streit ihren Senf dazuzugeben. Sie schaffte es, die ohnehin schon hoch explosive Atmosphäre noch zu verschärfen. Keifend gaffte sie hinter mir her und ließ so intelligente Kommentare los wie: „Im Dritten Reich hätten sie Jugendliche wie dich ins Arbeitslager gesteckt." Ich platzte fast vor Wut, hatte aber keine Chance mehr, mich mit ihr anzulegen. Mein Vater war nämlich schneller als ich. Er hatte ihr Gekreische gehört und trat sofort in Aktion. Als er mit ihr fertig war, konnte sie auf Stelzen unterm Teppich hergehen. Er hatte sich hundertprozentig hinter mich gestellt und mich verteidigt und geschützt. Das war mein Pa. Wenn es darauf ankam, dann stand er hinter mir. Ich war auf einmal wieder so stolz auf ihn und plötzlich schien für mich wieder die Sonne.

Nach meiner Bekehrung wurde unser Verhältnis wieder sehr gut. Im Zuge von Buße und Wiedergutmachung schenkte uns der Geist Gottes eine ganz besondere Zeit der Wiederherstellung und Versöhnung. Wir fanden uns alle drei auf den Knien wieder: meine Mutter, mein Vater und ich. Für mich ging es in allererster Linie darum, meine eigene Schuld zu bekennen und meine Eltern für das um Vergebung zu bitten, womit ich sie verletzt hatte und womit ich an ihnen schuldig geworden war.

Sie überschütteten mich daraufhin förmlich mit Gnade und Barmherzigkeit. Es schien ihnen leicht zu fallen, mir zu vergeben. Mir jedenfalls ging es so, ich konnte ihnen ganz leicht vergeben.

Mit diesem Erlebnis veränderte sich unsere Beziehung und verbesserte sich täglich. Und das gab mir Stärke für mein Leben. Das Wort bewahrheitete sich: „‚Ehre Vater und Mutter', das ist das erste Gebot, das eine Verheißung hat: ‚auf dass dir's wohl gehe und du lange lebest auf Erden'" (Epheser 6,2-3).

Mein Vater starb 1996, im gesegneten Alter von 90 Jahren. Sein Tod schmerzte mich sehr und war ein großer Verlust für mich. Er war zeitlebens mein treuester Beter gewesen.

Genau wie heiße Rockmusik gehörten auch Mädchen zum Hippieleben. Mein Start in das Beziehungs-Karussell begann recht früh und endete mit Absturz und einer schmerzhaften Bauchlandung. Die junge Dame saß im Büro meiner Lehrfirma, und ich verliebte mich unsterblich in sie. Wir unternahmen ein paar Mal was miteinander, dann ließ sie mich sitzen. Für mich ging die Welt unter. Ich wollte nicht mehr leben und wurde sogar von Selbstmordgedanken attackiert, war völlig unfähig, mit solch einer erschütternden Enttäuschung fertig zu werden. Rachegefühle machten sich in mir breit.

Die Entscheidung, die ich dann für mein weiteres Leben traf, beeinflusste meine Beziehung zum anderen Geschlecht nachhaltig: In Zukunft sollte mich kein Mädchen je wieder verlassen. Das würde ich in jedem Fall als mein ausschließliches Recht ansehen. Ich wollte entscheiden, ob und wann etwas beginnen und wann und wie es zu Ende gehen sollte. Und genau nach diesem Prinzip habe ich dann gelebt.

Als ich einige Zeit später noch einmal in dieselbe emotionale Falle der unglücklichen Liebe tappte, verfestigte sich dieser Entschluss nur umso mehr. Ich kämpfte mich wieder aus ihr heraus und wurde noch rücksichtsloser und gemeiner. Bei dieser lieblosen Einstellung blieb es natürlich nicht aus, dass ich etliche Mädchen bitter enttäuschte und verletzte. Erst als ich einige Jahre später Irene traf, wagte ich noch einmal, mich für einen anderen Menschen zu öffnen. Allerdings blieb mir auch nicht viel anderes übrig. Sie schlug nämlich bei mir ein wie eine Bombe und zersprengte jegliche harte Schale. Dass es dann mit uns so gut funktionierte, habe ich allein Gottes Eingreifen zu verdanken, das weiß ich heute.

Auch was andere Beziehungen betraf, machte ich so meine Erfahrungen. Meistens fing alles sehr verheißungsvoll an. Überall fand man seinesgleichen. Hippies wurden sehr schnell ein Herz und eine Seele, auch wenn sie sich gar nicht kannten. Das war einfach so.

Einmal fuhr ich mit einem Freund nach Oberhausen. Wir waren beide leicht zu identifizieren, in Outfit und Verhalten unverkennbar echte Hippies. So gehörten wir auf jeden Fall zu einer exotischen Spezies in der Gesellschaft. Irgendwann sahen wir auf der anderen Straßenseite einen anderen Hippie. Wir winkten ihm zu, er kam zu uns, wir tauschten ein paar Sätze aus und schon wenige Minuten später saßen wir gemeinsam in einer Kneipe bei einem Bier. Schließlich verbrachten wir das ganze Wochenende zusammen – wie ganz enge und vertraute Verwandte.

Ein anderes Mal fuhren wir mit dem Zug nach Amsterdam. Bewaffnet mit unseren Schlafsäcken, bahnten wir uns einen Weg durch den Bahnhof und trauten dabei unseren Augen nicht. In der ganzen Halle wimmelte es nur so von langhaarigen Typen und super aussehenden Girls. Man begrüßte uns grölend, behandelte uns wie lang erwartete Staatsgäste und besorgte uns anstandslos eine Wohnung in einem der besetzten Häuser an den Grachten.

Am nächsten Morgen standen ein paar Leute strahlend vor unserer Tür, beladen mit Brötchen und Milch, alles Diebesgut, gestohlen von den Haustüren der „Normalos". Und so hingen mein Freund und ich den ganzen Tag sorgenfrei in der Stadt am Dam herum, ließen uns die Sonne auf den Pelz scheinen, hörten und machten Musik, kifften und palaverten und ließen den lieben Gott einen guten Mann sein.

Überhaupt entstanden damals mehr und mehr Hippie-Kommunen. Größtenteils konnte man sie auf dem Land finden, eingebettet in Natur, abgetaucht in psychedelische Klänge und umgeben von Haschischschwaden. Aber auch in den Städten rund um den ganzen Globus formierten sie sich.

Aber Träume zu träumen und in verbalen Ergüssen zu beschreiben oder Träume lebbare Realität werden zu lassen sind zwei paar völlig unterschiedliche Paar Schuhe. Im Lauf der Jahre ruinierten wir uns alle selbst durch Drogen, Kriminalität, Egoismus und ausschweifendes Leben auf allen Ebenen. Träumereien und Ideologien zerplatzten wie Seifenblasen. Sie waren nur durch noch mehr Drogen eine Zeit lang aufrechtzuerhalten. Auch meine persönliche Traumvorstellung vom Leben in einer Großfamilie wurde auf eine sehr harte Probe gestellt und wich im Laufe der Zeit mehr und mehr der Erkenntnis, dass der Mensch immer sich selbst der Nächste ist.

So pilgerte ich von Hippie-Kommune zu Hippie-Kommune. Zwischendurch ließ ich mich ab und zu bei meinen Eltern blicken, um die Wäsche gewaschen zu bekommen, gute Hausmannskost zu genießen und etwas Geld zu schnorren. Frisch ausgerüstet, tauchte ich dann wieder ins Hippie-Umfeld ab.

Mein Freundeskreis setzte sich aus jungen Leuten aus aller Welt zusammen. Man wusste eigentlich immer, wo gerade was los war. Auch ohne Handy und Computer war man gut vernetzt. Spontaneität war einer der Schlüssel. Man lebte sorglos, und

Distanzen spielten überhaupt keine Rolle. Es gab immer jemanden, der wusste, wo es lang ging. Und die Nacht verbrachte man notfalls in einer Gartenlaube.

Natürlich geriet ich auch mit der Polizei in Konflikt. Meistens sperrten sie mich wegen Landstreicherei ein. Das war zwar nicht so angenehm, gehörte aber zu meiner Lebensphilosophie: Keine wirkliche Freiheit, ohne an die Grenzen von Unfreiheit zu stoßen, und Freiheit muss man sich nehmen. Meine Generation war ohnehin von Hass auf alles Autoritäre infiltriert. Mit dem Dritten Reich und allen damit einhergehenden Ungerechtigkeiten wussten wir nicht umzugehen, geschweige denn das Unfassbare zu verstehen oder sogar zu verarbeiten.

Für die „Spießer" der damaligen Zeit war der Lebensstil der Freaks ein verantwortungsloser, fauler und wenig zukunftsorientierter Albtraum. Mit Zukunft meinte die Mehrheit der Gesellschaft in erster Linie die Rente als letzte Sicherheit. Als Gegenreaktion entwarfen die selbst ernannten Aussteiger den Slogan: „Besser bis dreißig alles erlebt und tot als sechzig und nie richtig gelebt."

Die ersten Opfer dieser Einstellung ließen dann auch nicht lange auf sich warten, vom berühmten Rockmusiker bis zum ganz durchschnittlichen Blumenkind. Die Liste der Todesopfer wurde immer länger. Sie wurden in Hotelzimmern und auf Bahnhofstoiletten aufgefunden, krepiert an Überdosen, mit dem goldenen Schuss noch im Arm oder am eigenen Erbrochenen erstickt. Sie begingen im LSD-Rausch Selbstmord oder ihre Körper machten einfach nicht mehr mit. Viele landeten in der Psychiatrie, wo manche von ihnen noch heute vor sich hinvegetieren.

Inmitten von alldem lebte ich mein Leben, desillusioniert und dennoch fragend: Ist das alles? Soll daraus mein ganzes Leben bestehen? Soll ich von einem Tag in den nächsten gehen, ohne zu wissen, warum und wohin?

In mir nagten der Hunger nach mehr und der Durst nach Leben und Sinn. Aber wo und wie konnte ich dieses Verlangen gestillt bekommen?

Die Existenz Gottes war für mich keine Frage mehr. Irgendwie hatte sich mit den Jahren dieser Widerstand verflüchtigt. Aber konnte dieser megagroße Gott, der das riesige Getriebe Universum gestaltet hatte und überblickt, ein winziges Rädchen wie mich sehen und hatte er irgendeine Funktion für mich vorgesehen? Interessierte er sich für mich, einen kleinen, verirrten und suchenden jungen Menschen? Schließlich lebte ich nicht alleine auf der Erdkugel, da gab es noch annähernd 6 Milliarden andere Leute.

Heute weiß ich: Gott startete damals die großartigste weltumfassende Erweckung aller Zeiten. Seit dem Aufbruch unter den ersten Christen hatte es in der gesamten Kirchengeschichte so etwas nicht mehr gegeben. Er erbarmte sich über die Verlorenheit und Verwirrtheit der Blumenkinder. Tausende und Abertausende machten sich auf die Suche und ließen sich von Gott finden. Er erweckte seine Kinder buchstäblich aus Steinen, genau wie es in Matthäus 3,9 beschrieben wird.

Und ich war so ein Stein, war mir dessen nur nicht bewusst. Er veränderte mich von einem Gott leugnenden Zyniker zu einem Vertrauen fassenden Hoffnungsträger. Wie es dazu kam? Das weiß ich nicht. Es passierte einfach, ganz langsam, kaum wahrnehmbar. Am schwärzesten und tiefsten Punkt meines Leben – dem Zeitpunkt meiner Kapitulation – war die Existenz Gottes eine unumstößliche Tatsache für mich. Die Gedanken und Worte kamen von ganz alleine. Ich sprach mein erstes Gebet und gab so Gott mein Leben.

Zur gleichen Zeit ließen sich weltweit Hunderttausende Blumenkinder im Meer, in Badewannen und in Swimmingpools taufen. Sie pilgerten zu Treffen, um miteinander und füreinander zu beten und anzubeten. Verbunden waren sie durch dieses einmalige Gefühl der Gottesnähe. Die *Jesus People*-Bewegung war geboren und mit ihr der Wunsch, alles Alte hinter sich zu lassen und noch einmal ganz neu von vorne zu beginnen.

Genau diese Hoffnung befähigte mich, aus meinem bisherigen Lebensstil auszusteigen. Zehn Jahre Davonlaufen waren einfach genug. Es gab nur ein Problem, ich hatte überhaupt keine Ahnung, was es bedeutete und wie es aussah, diesem Gott der Bibel zu folgen. Irene konnte mir auch nicht helfen, auch sie hatte keinen blassen Schimmer. Und wir kannten niemanden, an den wir uns hätten wenden können. Dennoch stiegen wir aus der Hippie-Kommune aus, in der wir gelebt hatten, und versuchten vernünftig zu werden. Das hieß ganz praktisch, erst einmal eine eigene Wohnung ohne andere Mitbewohner zu beziehen und einer geregelten Arbeit nachzugehen.

Ein bisschen fühlte ich mich wie Abraham. Er war auf der Suche nach dem verheißenen Land in eine ihm völlig unbekannte Wüste ausgezogen, voller Vertrauen, dass Gott ihn schon richtig leiten würde. Angestachelt von einer unglaublich hohen Erwartung an Gott und seine Möglichkeiten, tastete auch ich mich in unbekanntes Terrain vor. Zunächst aber geschah fast gar nichts. Jedenfalls nichts, was ich als weltbewegend empfand.

Die Bibel wurde mein ständiger Begleiter und ich liebte sie mit jedem Tag mehr. Andere Bücher waren out und Jesus faszinierte mich immer mehr. Oft unterhielt ich mich mit Irene über die Wunder, die in der Bibel sehr provokativ beschrieben werden. Bibelstellen wie „Jesus ist derselbe gestern, heute und in Ewigkeit“ oder „Ich bin der Weg, die Wahrheit und das Leben“ brachten uns zu der Auffassung, eigentlich müssten solche Wunder auch heute noch erfahrbar sein. Eine Herausforderung der besonderen Art, aber enorm spannend. Denn wie Jesus mit Menschen umging, wie er Krankheiten heilte oder dämonisierte Menschen befreite und wie er sie liebte, beeindruckte uns schon sehr. Und seine Liebesbeziehung zum Vater, der ihn auf die Welt gesandt hatte, war einfach genial. Ich wollte nur noch eins, ich wollte so werden wie er.

Es war nur zu natürlich für mich, allen Bekannten von diesem mitreißenden Jesus zu erzählen. Meine missionarische Ader fing an, heftig zu pulsieren. Schließlich hatte er nicht nur Petrus und die anderen Apostel berufen, Menschenfischer zu sein, sondern auch mich, den einfachen Jünger. Nur war leider nicht ein einziger Fisch bereit, in mein Netz zu gehen. Viele meiner alten Freunde hielten mich für religiös völlig übergeschnappt. Sie hofften, ich würde mich schon bald wieder einkriegen und eines Besseren besinnen. Für sie hieß Besseres: zurück in die Drogen.

Die Wende kam mit dem Bibelwort:

> „Niemand kann zwei Herren dienen: Entweder er wird den einen hassen und den andern lieben, oder er wird an dem einen hängen und den andern verachten. Ihr könnt nicht Gott dienen und dem Mammon. Darum sage ich euch: Sorgt nicht um euer Leben, was ihr essen und trinken werdet; auch nicht um euren Leib, was ihr anziehen werdet. Ist nicht das Leben mehr als die Nahrung und der Leib mehr als die Kleidung? Seht die Vögel unter dem Himmel an: sie säen nicht, sie ernten nicht, sie sammeln nicht in die Scheunen; und euer himmlischer Vater ernährt sie doch. Seid ihr denn

> nicht viel mehr als sie? Wer ist unter euch, der seines Lebens Länge eine Spanne zusetzen könnte, wie sehr er sich auch darum sorgt? Und warum sorgt ihr euch um die Kleidung? Schaut die Lilien auf dem Feld an, wie sie wachsen: sie arbeiten nicht, auch spinnen sie nicht. Ich sage euch, dass auch Salomo in aller seiner Herrlichkeit nicht gekleidet gewesen ist wie eine von ihnen. Wenn nun Gott das Gras auf dem Feld so kleidet, das doch heute steht und morgen in den Ofen geworfen wird: sollte er das nicht viel mehr für euch tun, ihr Kleingläubigen? Darum sollt ihr nicht sorgen und sagen: Was werden wir essen? Was werden wir trinken? Womit werden wir uns kleiden? Nach dem allen trachten die Heiden. Denn euer himmlischer Vater weiß, dass ihr all dessen bedürft. Trachtet zuerst nach dem Reich Gottes und nach seiner Gerechtigkeit, so wird euch das alles zufallen. Darum sorgt nicht für morgen, denn der morgige Tag wird für das Seine sorgen. Es ist genug, dass jeder Tag seine eigene Plage hat“ (Matthäus 6,24-34).

Konkret hieß das: Hinterfrage dein Leben. Ist das Leben, das du zurzeit lebst, wirklich das Leben, das du leben solltest? Sind ein gottgefälliges und ein gutbürgerliches Leben identisch? Wo und wie lebe ich in dieser Ursprünglichkeit, die in dem Bibelwort so treffend beschrieben wird? Noch konkreter hieß das: Gib die Arbeit auf, sei vollzeitig für Gottes Belange tätig, hilf denen, die Hilfe brauchen, und vertraue darauf, dass Gott alles finanziert. Nach längerem Hin und Her entschloss ich mich der Aufforderung nachzukommen.

Nach etlichen inneren Kämpfen stieg ich also wieder aus. Irene tat sich leichter damit, Gott zu gehorchen – wie immer. Sie ist mir darin oft meilenweit voraus. Mir fiel es viel schwerer, Gott zu vertrauen. Er hatte versprochen, uns auf allen Ebenen des Lebens zu versorgen. Ich konnte mir bloß nicht im Entferntesten vorstellen, wie das funktionieren sollte. Also fing ich an, mir Sorgen zu machen. Ich tat genau das, wovor die Bibelstelle warnt. Ungefähr so musste sich Petrus gefühlt haben, als er seinen Fuß auf das Wasser stellte. Das wirklich Groteske daran war: Ohne Gott hatte ich mich nie um irgendetwas gesorgt.

Letztendlich war das der etwas unrühmliche Startschuss. Es ging endlich los, das Leben mit und aus Gott. Nach und nach fingen meine ehemaligen Freunde und Bekannten dann doch an, über Jesus nachzudenken und ihm ihr Leben zu geben. Das war etwas ganz Neues, erfüllend und aufbauend. Ich erlebte, wie Gott selber in meiner Heimatstadt auf der Straße Erweckung inszenierte. Jesus war buchstäblich Stadtgespräch, und das nicht aufgrund eines evangelistischen Programms, sondern weil junge Leute die übernatürliche Kraft der Liebe Gottes erlebten, von Drogen frei wurden und sich veränderten.

Das Ganze war kein frommes Strohfeuer, sondern über viele Monate hinweg ergaben sich fast jeden Tag Bekehrungen zu Jesus. Es passierten Heilungen und Zeichen und Wunder und es wurden neue Jesus-Wohngemeinschaften gegründet. Das war vielleicht das größte Wunder. Nach meinem letzten Auszug aus einer Hippie-Kommune hatte ich nie wieder mit vielen Leuten zusammenleben wollen. Aber man sollte niemals „nie“ sagen. Jetzt schneiten viele in unsere Wohnung, okkult Belastete, Heroinabhängige, Obdachlose. Menschen, mit denen ich mir nicht unbedingt ausgesucht hätte meine Zeit zu verbringen, geschweige denn mein Leben zu teilen.

Das enge Zusammenleben brachte natürlich Spannungen und Probleme mit sich, und manchmal ging es wirklich an die

Grenzen des menschlich Erträglichen. Es gab Zeiten, da waren Irene und ich so schachmatt, dass wir unsere eigene Wohnung fluchtartig für einige Tage verlassen mussten, um bei anderen Jesus-Freunden auf dem Land auszuspannen.

Mittlerweile hatte sich so etwas wie ein innerer Kern von Gläubigen gebildet. Ein Lebensstil der Versöhnung wurde in diesem aufregenden Miteinander geboren. Neben dem übernatürlichen Wirken Gottes reinigte sein Geist die Herzen. Und er befreite und heilte von Bitterkeit, Zorn und Hass. Fast täglich erlebten wir das Reden Gottes, und darauf musste reagiert werden. Wir taten Buße voreinander, gewährte und empfing Vergebung, setzte sich dem Wirken Gottes aus, bereinigte sein altes Leben, hörte auf zu rauchen – Drogen waren ja schon lange tabu – und, und, und …

Rückblickend würde ich sagen, es war die intensivste, aber auch schönste Zeit in meiner jungen Beziehung zu Jesus. Genau so stellte ich mir das Leben der ersten Christen vor, voller neuer Dinge, niemals langweilig und absolut pulsierend. So wie es in der Apostelgeschichte beschrieben wird:

> „Die Menge der Gläubigen aber war ein Herz und eine Seele; auch nicht einer sagte von seinen Gütern, dass sie sein wären, sondern es war ihnen alles gemeinsam. Und mit großer Kraft bezeugten die Apostel die Auferstehung des Herrn Jesus, und große Gnade war bei ihnen allen. Es war auch keiner unter ihnen, der Mangel hatte; denn wer von ihnen Äcker oder Häuser besaß, verkaufte sie und brachte das Geld für das Verkaufte und legte es den Aposteln zu Füßen; und man gab einem jeden, was er nötig hatte“ (Apostelgeschichte 4,32-35).

Es war spannend, dieses Leben mit Gott. Besonders in Bezug auf die tägliche Versorgung. Jeder Tag bot die Möglichkeit, Dankbarkeit zu leben und mit den Gegebenheiten zufrieden zu sein. Alles war gut und richtig. Ich lernte „ja" zu sagen zu den Umständen. Hatte ich Überfluss, dann war das gut, hatte ich Mangel, war das auch okay. Mehr und mehr entdeckte ich: Gott hat wirklich in allem die Kontrolle.

Das ist kaum vorstellbar, besonders wenn keine große christliche Organisation, Gemeinde oder Kirche hinter einem steht. Wie sah sein Eingreifen konkret aus? Ganz simpel, er gebrauchte Menschen wie dich und mich. Was Gott von uns erwartet, ist, gebeten zu werden: „Bittet, so wird euch gegeben" (Matthäus 7,7).

Einmal gebrauchte er den Bürgermeister meiner Heimatstadt. Der hatte von den ausgeflippten Hippies und ihrem neu gewonnenen Glauben in der Zeitung gelesen. So besuchte er uns in der WG und bombardierte die Anwesenden neugierig und recht kritisch mit tausend Fragen. Wohl ziemlich zufrieden mit den Antworten, ließ er beim Abschied einen Geldbetrag da.

Ein anderes Mal – die Gemeinschaft dankte Gott gerade aufrichtig für seine optimale Versorgung, trotz gähnender Leere auf dem Frühstückstisch – klopfte es an der Tür. Eine völlig fremde Frau stand mit zwei prall gefüllten Lebensmitteltüten da. Sie teilte ihr Frühstück mit uns und wir teilten das Evangelium mit ihr. Noch bevor das Geschirr vom Tisch geräumt war, hatte sie ihr Leben Jesus gegeben. Bei anderen Gelegenheiten fand ich Geld in einer Blumenvase und in meiner Bibel.

Erst zwei Jahre später nahmen Irene und ich wieder Halbtagsjobs an, um unseren Lebensunterhalt selbst zu bestreiten. Gott hatte uns in den zwei Jahren kein einziges Mal hängen lassen, er war immer treu gewesen.

In dieser Zeit lernte ich dann schließlich auch Christen aus anderen Gemeinden und Konfessionen kennen. Sie erkannten in mir und meinen Freunden sehr schnell den Hintergrund der *Jesus People*: Erst da wurde mir ganz deutlich klar, ich war ein kleines lebendiges Steinchen in einem weltweiten Aufbruch, in einem Aufbruch, der den ganzen Erdkreis erschütterte und in der Größe und Intensität einmalig war in der Kirchengeschichte, ausgenommen natürlich der ursprüngliche Start der ersten Christen. Eine friedliche Revolution der Liebe Gottes hatte sich Bahn gebrochen. Und dieser Putsch rüttelte an allem, was bis dahin kaum hinterfragt worden war. Überall in den bekehrten Hippiegruppen auf Gottes weitem Erdboden wurde nach neuen Möglichkeiten gesucht, den gefundenen Glauben sichtbarer zu leben und jedem Menschen verständlicher zu vermitteln – oft sehr naiv und fehlerhaft, aber mit aufrichtigem Herzen. Dabei spielte die Existenz anderer Christen erst einmal keine Rolle. Derer war man sich kaum bewusst, weder in den so genannten freien Konfessionen, viel weniger noch in den Großkirchen.

Nun wurden meine Freunde und ich mit neuen Problemen konfrontiert. Ich verstand sehr schnell, dass wir nicht so wie andere Christen waren, und die ließen uns das auch ganz gut spüren. Wir wurden ausgefragt, hinterfragt, auf Herz und Nieren getestet, ob wir auch „richtig" gläubig wären. Wir entsprachen einfach nicht dem landläufigen Bild eines netten Christen, sahen anders aus und verhielten uns anders. Besondere Mühe hatten sie mit unserer unbekümmerten Art, von Wundern und den Gaben des Geistes insgesamt zu reden. Das war in ihrem Alltag einfach nicht üblich. Sie berieten uns darin, wie vernünftige Christen aussehen sollten, was sie tragen, wie sie reden, was sie dürfen, was sie nicht dürfen sollten, und schon bald fühlte ich mich wie in eine Uniform gepresst. Die war so eng, mir blieb die Luft zum Atmen weg.

Aber wir begegneten auch Menschen, die uns liebten, trotz oder gerade wegen unserer Andersartigkeit. Sie nahmen uns so an, wie Jesus es auch tat. Für diese Geschwister bin ich Gott bis zum heutigen Tag ganz besonders dankbar. Sie ebneten mir den Weg zum Leib Christi.

Jesus hatte ein enorm weites Herz. Man muss sich nur vorstellen, er sah Gedanken und Motivationen seiner Jünger, kannte ihre Schwachheiten und Sünden und erzog trotzdem nicht an ihnen herum. Er brachte ihnen das Reich Gottes näher und die Maßstäbe, die in diesem Reich gelten. Er überhäufte sie nicht mit Regeln und Ordnungen, sondern gab ihnen Freiräume, ihre eigene Herzenshärte zu entdecken und zu bereuen. Diese Weite machte selbst bei Judas nicht stopp.

Judas wurde von Jesus in den engsten Kreis der Jünger berufen. Er war ein Dieb, so sagt die Bibel. Ob er das nur in seinem Herzen war oder ob er den Gedanken auch Taten folgen ließ, sagt sie nicht. Wahrscheinlich nahm Judas immer wieder etwas aus der gemeinsamen Reisekasse für sich selbst, und zwar nicht nur eine Woche lang, sondern während der ganzen drei Jahre, die er mit Jesus zusammen war. Das Erstaunliche an Jesus ist: Er manipulierte nicht an Judas herum und übte nicht massiv Druck aus an diesem Schwachpunkt. Er ließ ihn einfach in seiner Nähe leben und gab ihm mehrmals die Chance umzukehren und sich zu verändern. Hier wird sichtbar, mit welch großer Gnade Gott uns begegnet und wie sehr Gottes Charakter von Liebe und Akzeptanz durchdrungen ist. Letztendlich hat sich Judas selbst aus der Gegenwart Gottes herauskatapultiert.

Ähnlich war es bei den anderen Jüngern. Jeder hatte so seine persönliche Schlagseite. Aber Jesus hat sie getragen und ertragen. Durch die Katastrophe von Golgatha – denn das war der Tod Jesu für seine Jünger – machte Jesus es möglich, dass eben diese Jünger den gewaltigsten Auftrag bekamen, der je von Gott an Menschen gegeben wurde. Nach seiner Auferstehung sollten sie die ganze Welt für Gott gewinnen.

Die größte Kraft im Universum ist die Liebe Gottes; und sie zu den Menschen zu bringen, in alle Kirchen und Kulturen, zu allen Völkern und Nationen – das ist die große Anweisung.

Obwohl um uns herum so viel Tolles und Wunderbares geschah: Irene und ich wollten irgendwie mehr. Wir fingen verstärkt an für unsere Zukunft zu beten. Mein Traum war ein großes Haus, in dem wir heroinabhängige Freaks aufnehmen könnten, ein Haus, in dem ich mein Ideal vom gemeinsamen Leben intensiver ausleben könnte. Ich hatte den Wunsch, meinen Glauben zu expandieren, und das Ziel, Größeres für Gott zu vollbringen.

Eines Tages kam der Pastor einer Freikirche auf Irene und mich zu und meinte, wir müssten eigentlich unsere Heimatstadt verlassen und in eine Großstadt wie Berlin umsiedeln. Mit meiner Vision für das Reich Gottes hätte ich dort einen viel umfangreicheren Wirkungskreis. Das klang in meinen Ohren wie betörende Musik. Irgendwie wurde mir schon seit längerem alles zu eng in der Kleinstadt. Mit zwei Adressen in der Jackentasche machten wir uns auf nach Berlin, die eine von einem *Teen Challenge*-Drogenzentrum am Nikolassee, die andere von der Gemeinde von Volkhard Spitzer am Nollendorfplatz.

In Berlin angekommen, stellten wir uns zuerst bei *Teen Challenge* vor. Wir wurden sehr liebevoll aufgenommen und bekamen eine Rundführung durch die verschiedenen Arbeitsbereiche. Wie gerne wäre ich in diesen Dienst eingestiegen! Für diese Art von Leben brannte mein Herz. Doch das Abschlussgespräch setzte allen Phantasien ein Ende. Es war zwar sehr herzlich, aber mindestens genauso ernüchternd. Man hielt uns für noch nicht reif genug, eine solche Arbeit zu leisten. Wir bräuchten noch eine intensivere Zeit der Wiederherstellung, und dafür sollten wir uns in eine Gemeinde integrieren. Total „abgelöscht" durch diesen Dämpfer, konnten weder Irene noch ich den Mut aufbringen zu Volkhard Spitzer zu fahren. Völlig desillusioniert setzten wir uns ins Auto und fuhren die 500 Kilometer zurück nach Hause. Wir benötigten jeden einzelnen Kilometer, um den Frust auch nur einigermaßen zu verarbeiten.

Volkhard Spitzer war übrigens mein absoluter Held. Ich hatte einige Predigt-Kassetten von ihm gehört, und mein innigster Wunsch war es, auch so vollmächtig wie er predigen zu können. Seine Art zu sprechen beeindruckte mich so sehr, dass ich seine Predigten kopierte und sie sonntags im Gottesdienst in unserer neu gegründeten Gemeinde wortwörtlich vortrug.

Überhaupt war das Verlangen zu predigen tief in mir verankert. Natürlich hatte ich schon auf verschiedenen Gemeindeveranstaltungen gesprochen, und auch auf der Straße erlebte ich eine große Freiheit im Heiligen Geist. Manchmal sprach ich vierzig Minuten lang, und die Leute liefen nicht weg, sondern es strömten ganz im Gegenteil noch mehr Zuhörer hinzu. Aber auch hier wollte ich Größeres.

Als das Düsseldorfer Jesus-Haus im Januar 1977 sein einjähriges Jubiläum feierte, besuchten meine Frau und ich die Veranstaltungen. Einer der Jubiläumssprecher war Volkhard Spitzer. Im Abendprogramm – wir hatten uns bis in die dritte Reihe nach vorne durchschmuggeln können – unterbrach er seine Predigt mittendrin und gab ein prophetisches Wort weiter. Es lautete ungefähr folgendermaßen: „Hier ist ein junger Mann, der aus ziemlich kaputten und zerbrochenen Verhältnissen gerettet worden ist. Er hat ein starkes Verlangen, Gott durch Predigen zu dienen. Ich will für ihn beten. Bitte steh auf."

Mann, o Mann, das Herz schlug mir bis zum Hals. Ich wusste genau, ich war gemeint. Aber da gab es so viele andere junge Männer und vielleicht war ja ein anderer mutig genug aufzustehen. Unsicher sah ich mich um, aber niemand stand auf. Inzwischen raste mein Herz und ich fing an zu schwitzen. Wieder hörte ich Volkhards Stimme: „Ich kann nicht fortfahren, es sei denn, der junge Mann steht auf." Mit schlotternden Knien erhob ich mich schließlich. Eigentlich war mir nach Weglaufen zumute, aber meine Beine hätten mir wahrscheinlich so und so nicht gehorcht. Und dann betete Volkhard Spitzer für mich: „Du sollst die Werke des Herrn verkündigen. Ich segne dich und du sollst ein Segen für viele sein. Gott wird dich bis an die Enden der Erde senden."

Er ermutigte mich, nicht auf meine Schwachheiten zu schauen und mich nicht zu fürchten. Gott würde mich führen. Und dann segnete er meine Berufung zu diesem Dienst. So eine Erfahrung hatte ich bis dahin noch nie gemacht. Ich konnte fast keinen klaren Gedanken mehr denken, nur eine Frage blieb: „Kann das wahr sein? Will Gott wirklich einen Chaoten wie mich gebrauchen?" Völlig aufgewühlt machte ich mich auf den Heimweg.

Die Fragen bezüglich der Zukunft ließen mich nicht zur Ruhe kommen. Ich ging alle Möglichkeiten mindestens zwanzigmal am Tag durch. Düsseldorf wäre noch eine Option. Die Gemeinde hatte Irene und mich sehr freundlich aufgenommen und in vielem unterstützt und gefördert. Dazu kamen noch die guten und freundschaftlichen Beziehungen, die wir zu Einzelnen hatten. Allerdings hatte die Gemeinde gerade ein riesiges Kino gekauft und musste sich so schwerpunktmäßig in Veranstaltungen investieren. Das war nun ganz und gar nicht mein Ding.

Und es gab noch die Chance, auf eine Bibelschule zu gehen und sich ausbilden zu lassen. Sozusagen als allerletzten Strohhalm. In meiner Ratlosigkeit forderte ich die Aufnahmeformulare an, um sie dann prompt an einen Freund weiterzugeben. Ich bekam einfach keinen Frieden über die Möglichkeiten, meine Heimatstadt zu verlassen, aber Frieden, da zu bleiben, hatte ich auch nicht mehr. Ein wirkliches Dilemma. Es folgte eine intensive Zeit der Orientierung für die nächste Etappe mit Gott.

An irgendeinem Tag im September 1977

Was machen wir eigentlich hier? Sind wir blöd oder was?" Stöhnend und schwitzend wuchtete ich den riesigen Ohrensessel vom LKW und schleppte ihn durch den Keller vier Treppen hinauf in den 1. Stock. Wohlgemerkt in zwei winzige Zimmer, nicht in die geräumige Wohnung, die man Irene und mir versprochen hatte. Die war inzwischen anderen Mitarbeitern gegeben worden.

Zurück nach Iserlohn konnten wir nicht mehr, dort hatten wir alle Zelte abgebrochen. Unsere Jobs und die riesige Wohnung in einer tollen alten Villa waren gekündigt, sämtliche Verantwortlichkeiten in der Gemeinde niedergelegt, und der neue Pastor und die Ältesten hatten uns für den Dienst im Wiedenhof gesegnet. Sogar mein Vater und meine Schwiegereltern hatten uns zu diesem Schritt ermutigt und uns ihren Segen gegeben. So standen wir nun mit Sack und Pack und gigantischen Erwartungen im Flur vor den winzigen Zimmern mit der großen Frage: „Wohin mit all dem Zeug?" Also wurde improvisiert. „Niemals zurück" hieß die Devise.

Die FCJG befand sich damals noch in einer absoluten Pionierphase. Einige ehemalige Hippiekollegen von mir, alle Rockmusiker, waren irgendwie auf verschlungenen Wegen in Lüdenscheid gelandet. Beseelt von dem Verlangen Jesus zu folgen, beteten sie einmal in der Woche mit Christen aus verschiedenen Gemeinden um Gottes Eingreifen auf der Drogenszene und um Erweckung in Lüdenscheid. Ende 1975 gründeten sie dann den Verein – *Freie christliche Jugendgemeinschaft e. V.,* Lüdenscheid.

Diese Gebetsmeetings wurden für mich sehr wichtig. Ich fuhr oft von Iserlohn nach Lüdenscheid, nur um dabei sein zu können. Das erstaunlich starke Wirken des Heiligen Geistes zog mich wie magnetisch an. Die liebende Gegenwart Gottes, dieses Erleben und Erfahren seiner Anteilnahme, ist Dreh- und Angelpunkt. Er ist keine kalte rationale Religion oder unbekannte, nie greifbare Illusion.

Es war für mich gar nicht verwunderlich, dass meine *Jesus People*-Freunde im Januar 1976 die praktische Antwort auf ihre Gebete in Form eines riesigen Hauses bekamen. Das ehemalige Hotel Wiedenhof, ein großer Kasten mit über vierzig Zimmern, zentral direkt am Bahnhof gelegen, stand bereits etliche Zeit leer. Viele Jahre war das Gebäude als christliche Sozialeinrichtung betrieben worden, danach hatte man es in ein Hotel umfunktioniert.

Erwähnenswert ist in diesem Zusammenhang ein besonderer Mann, Pfarrer Paul Deitenbeck. Er war weit über Lüdenscheids Grenzen hinaus als respektierter geistlicher Leiter bekannt, dessen Herz am rechten Fleck saß. Leider verstarb er im Jahr 2000.

1972 feierte er seinen sechzigsten Geburtstag im Wiedenhofsaal. Viele Gäste, Freunde und Kirchenmitglieder feierten mit ihm, als plötzlich ein Angestellter des Hotels in die unbeschwerte Stimmung hineinplatzte. Völlig aufgeregt bat er um Hilfe. In einem der Hotelzimmer hatte er eine tote Frau aufgefunden. Als die Helfer ins Zimmer stürzten, fanden sie in der Tat die leblose Frau auf dem Bett liegend vor. Sie war an einer Überdosis Heroin gestorben und ging als erste Herointote in die Geschichte der Stadt Lüdenscheid ein. Die Geburtstagsgesellschaft wurde durch das furchtbare Geschehen dermaßen erschüttert, dass alle spontan auf die Knie gingen und Gott um Hilfe für die vielen Drogenabhängigen baten.

Als dann die Musiker nach Lüdenscheid kamen, um genau dieser Randgruppe zu helfen, öffnete ihnen die Kreuzkirchengemeinde mit ihren Pfarrern Paul Deitenbeck, Ingfried Woyke und Dr. Reiner Friedemann Edel alle Türen. Die drei wurden gute Freunde der Arbeit. Vieles wurde erst durch ihre Unterstützung möglich.

Ein Lüdenscheider Junkie hatte die heroinabhängige Frau, die aus Norddeutschland kam, am Hotel abgesetzt. Und nun kommt das wirklich Einmalige an der Sache: Dieser Junkie hieß Bernd Mette und ist der heutige Leiter des Wiedenhofs. Ist das nicht typisch Gott? Aus einer wirklichen Katastrophe macht er noch etwas Segenbringendes. Der richtige Ort, die richtigen Menschen an diesem Ort – und Jahrzehnte später kann man noch verfolgen, wie Gott im Hintergrund die Fäden gezogen hat. Während erschütternde Ereignisse Fragen aufwarfen, war Gott schon dabei, Antworten zu geben.

Die evangelische Kreuzkirche in Lüdenscheid hat der FCJG das Gebäude Wiedenhof bis zum heutigen Tag mietfrei überlassen. Eigentlich wollten sie es abreißen, aber das war ihnen zu kostspielig. Im Januar 1976 zog die erste Mitarbeiterschaft mit großem Enthusiasmus und den ersten Drogenabhängigen in den Riesenkasten ein.

Als ich von der Gebetserhörung hörte, beflügelte das meine Hoffnungen für Iserlohn und ich witterte die Antwort auf meine Unzufriedenheit. Mir nichts, dir nichts wurde ein FCJG-Ableger gegründet. Selbstverständlich ging das gründlich daneben. Eine Vision ist eine Sache, die Umsetzung eine ganz andere. Unendlich vieles muss stimmig sein, der Zeitpunkt, der Ort, die Menschen, Gottes Ruf und, und, und ... Dazu kommt, man kann nicht einfach mal eben eigene gute Ideen als Gottes gute Ideen ausgeben. Dinge, die Gott woanders tut, kann, soll und darf man nicht kopieren. Auch ein Segensgebet oben drauf ändert daran nichts. Gott liebt es, seine Truppe hier auf Erden zu führen. Er ist groß genug, jedem einen Weg und persönliche Leitung zu geben. Er will keine Imitatoren, er will Kinder, die seine Stimme hören und darauf reagieren.

In späteren Jahren, als die FCJG bereits deutlich gewachsen war, kamen des Öfteren Anfragen von Gruppen aus ganz Deutschland, ob sie Teil der FCJG werden könnten. Natürlich ehrte das den Dienst in Lüdenscheid, dennoch lautete mein Rat immer gleich: „Sucht Gott für euren eigenen Weg. Fragt ihn, was, wer und wie ihr sein sollt. Er will Unikate, die sich abhängig machen von ihm. Wir bauen alle das Reich Gottes und wir gehören so und so zusammen." Nur so kann sich die Vielfalt Gottes wirklich zeigen und entfalten.

Der Traum platzte wie eine Seifenblase und erschütterte mich und die ganze Gemeinschaft in Iserlohn bis auf den Grund. Irgendwo in meinem Leben war der Wurm drin. Ich fühlte mich unfähig und unbrauchbar. Aus heutiger Sicht weiß ich: Gott testete mich in diesen scheinbar endlosen Monaten des Wartens, und seine Gnade bewahrte mich davor, einfach aufzugeben.

So war ich in den damaligen Turbulenzen der Orientierung recht optimistisch, als meine Frau und ich den Ruf nach Lüdenscheid bekamen. Endlich bewegte sich etwas. Die Stadt entsprach ganz und gar nicht meinem Traum. Statt aus Berlin, Düsseldorf oder Hamburg kam der Ruf aus der Provinz. Aber dafür kam er vom Himmel. Wenn ich eines in den jungen Jahren meines Glaubenslebens gelernt hatte, dann war es, Gottes Stimme zu hören und zu gehorchen, auch wenn es mir gegen den Strich ging. Also freundete ich mich mit dem Gedanken an, in die Nachbarstadt zu ziehen. Allerdings nicht ohne einen Handel mit Gott abzuschließen. Für die Dauer von einem Jahr würde ich im Wiedenhof lernen, was es über Drogenreha zu lernen gab, und dann würde ich weiterziehen. So weit reichten meine Kompromissbereitschaft und mein Gehorsam.

Das Haus war fast immer voll belegt. Die Drogenabhängigen gaben sich die Klinke in die Hand, und sehr schnell übernahmen Irene und ich die Verantwortung für den Reha-Bereich. Gleichzeitig entstanden mehrere andere Dienste.

Aus dem überkonfessionellen Gebetsabend entwickelte sich eine überkonfessionelle Jugendstunde, die zunächst in der *Ecclesia*-Gemeinde stattfand, dann aber bald in den Wiedenhofsaal übersiedelte. Ein äußerst exotischer Mix, denn auch die griechisch-orthodoxe Gemeinde feierte in diesem Saal ihre Gottesdienste. Und so waren die Jugendstunden-Besucher jeden Samstagabend von Ikonen, Kerzen, Weihrauchduft und sonstigen Requisiten eines orthodoxen Gottesdienstes umgeben. Auswärtige Besucher erlitten mit großer Regelmäßigkeit einen Schock, der Saal passte so gar nicht ins Bild. Auf der einen Seite die freiheitsliebenden *Jesus People*, offen für alles Neue und immer für eine Überraschung gut, auf der anderen Seite eine doch sehr streng geregelte Religion mit ihren fest verwurzelten, uralten Traditionen. Doch das alles stand der guten Beziehung zu den Griechen überhaupt nicht im Wege. Im Gegenteil, wir kommunizierten rege miteinander. Ich besuchte ihren Priester zu Hause, und in der Folge konnte beinahe die gesamte Mitarbeiterschaft einen Urlaub in Griechenland verbringen. Alle vielleicht noch vorhandenen Berührungsängste lösten sich spätestens da in Wohlgefallen auf.

Dass die Samstagabend-Jugendstunden etwas Besonderes waren und die Gegenwart Gottes als sehr intensiv empfunden wurde, lag an einem: der Anbetung.

Wie schon erwähnt, waren die meisten der Mitarbeiter Musiker. Als Nicht-Christen hatten sie in der Szene mitgespielt, nun als Christen spielten sie für Gott. Musik war einfach nicht aus dem gemeinsamen Leben wegzudenken. Sie gehörte dazu wie das Atmen. Wir liebten es, stundenlange Musik-Sessions abzuhalten und so Gottes Gegenwart zu erleben. Und diese Erfahrungen spielten auch die Hauptrolle in den Jugendstunden. Ein Fundament, auf dem sich Leute bekehrten und Lebenshilfe empfingen, sofern sie das wollten. Liebe und Annahme bestimmten die Atmosphäre. Die Abende wurden nie nach einem vorgefertigten Programm gestaltet, und das änderte sich auch über die Jahre nicht.

Alles in allem lebt der Gottesdienst auch heute noch von der Spontaneität und der damit verbundenen Risikobereitschaft. Dabei entwickelt sich eine Sensibilität für die speziellen Momente Gottes. Man wird buchstäblich vom Heiligen Geist an die Hand genommen und geführt. Natürlich ist nicht jeder Gottesdienst ein Volltreffer. Aber das Motto lautet: Lass dich durch Misserfolge nicht aufhalten, sondern bemüh dich, es das nächste Mal besser zu machen.

Musik war ein wirklich heißes Thema zu der damaligen Zeit. Überall auf der Welt waren die *Jesus People* unterwegs und brachten moderne Musik mit sich. Sie hatten sich von der säkularen Rockmusik getrennt und suchten nun nach neuen Wegen, dieses einzigartige Lebensgefühl der Kindschaft Gottes in der ihnen vertrauten Sprache auszudrücken. Die ersten christlichen Schallplatten kamen auf den Markt. Die Lieder handelten von Gottes Liebe zu den Menschen, beschrieben seine Größe und Herrlichkeit, und es waren gesungene Gebete. Es war die Geburtsstunde der modernen Anbetungsmusik. Mit ihr einhergehend bahnte sich die christliche Rockmusik einen Weg durch die Kirchenbankreihen. Und wie jede Geburt war auch diese mit Schmerzen verbunden. Ein Schlagzeug in ehrwürdige Gemeinderäume aufzustellen und dann sogar darauf herumzutrommeln? Einfach undenkbar! Vielerorts wurden die neuen Aufbrüche einfach nur verteufelt und leider wurden damit auch viele Menschen verletzt. Heute sind diese Auseinandersetzungen kaum noch vorstellbar. Beinahe jede Gemeinde, die etwas auf sich hält, hat eine Anbetungsband mit dem dazugehörigen Equipment. Einschließlich gut bestücktem Schlagzeug!

Auch die Wiedenhof-Musiker waren Teil dieses Aufbruchs. Aus einem modernen Chor, der sich „Lebendiges Wasser“ nannte, entwickelte sich eine christliche Rockband namens „Eden“. Bald gaben sie Konzerte, die sehr gut besucht waren und in denen immer wieder Menschen zum Glauben kamen. Es folgten einige Schallplatten, die sie in einem kleinen Musikstudio in den Kellerräumen des Wiedenhofs produzierten.

Gleichzeitig entstand eine eigene kleine Druckerei. In ihr wurden die ersten Publikationen kreiert, unter anderem auch der Rundbrief „Unser Weg". Das Erscheinungsbild dieses Infoblatts hat sich natürlich über die Jahre mehrmals verändert, aber inhaltlich ist es dasselbe geblieben und wird immer noch in Eigenarbeit hergestellt. In ihm kann man lesen, was in der FCJG gerade so up to date ist. Zweimal jährlich geht es per Post an Zehntausende Adressen. Das Zeitalter der Computer hat auch hier nicht Halt gemacht und der Druck ist in professionelle Hände abgegeben worden. Das ist auch gut so, denn die Mitarbeiter, die damals in der Druckerei arbeiteten, sahen meistens aus wie Minenarbeiter, nicht wie Publizisten.

Oben, neben dem Saal, hatte einer der Mitarbeiter einen kleinen christlichen Buchladen eröffnet.

Mitten in der Stadt entstand die Teestube „Eden". Die zwei winzigen, gemütlichen Räume wurden als Treffpunkt und zum Evangelisieren genutzt. Überall in Deutschland entstanden damals die so genannten „One-Way-Teestuben", in denen sich junge Leute trafen, Tee aus kleinen braunen Tonbecherchen schlürften, Schmalzbrote aßen, Musik hörten und über Gott und die Welt diskutierten. Mancher fand dort zum Herrn und für viele wurde gebetet. Es war etwas völlig Neues in der christlichen Jugendkultur.

Des Weiteren lief nebenher noch immer die WG, aus der die Musiker ausgezogen waren: ein Bauernhof auf dem Lande. Die Farm wurde der erste offizielle Ableger der FCJG. Aus der früheren Herberge für herumpilgernde Freaks hatte sich in der Zwischenzeit eine zwergenhafte Reha-Arbeit entwickelt. Bernd Mette machte hier als Rehabilitand seine ersten zaghaften Schritte ins christliche Leben, stieg kurz darauf in die Mitarbeiterschaft ein und wurde somit zum heute dienstältesten Mitarbeiter der FCJG. Meine zwei guten Freunde aus Iserlohn, Nikola und Sylvia Nesovic, zogen auch dorthin und unterstützten das Werk.

Damals ging regelrecht ein kleines geistliches Feuerwerk von Lüdenscheid aus und beeinflusste die geistliche Atmosphäre unseres Landes. Viele christliche und nicht-christliche Zeitungen berichteten über die Gemeinschaft, und die FCJG wurde recht bekannt.

Ich hatte den großen Schritt gewagt, war aus Gewohntem ausgestiegen. Aber in was war ich eigentlich eingestiegen? Diese große Frage beantwortete sich von ganz alleine. Ich fand mich in einem ziemlichen Chaoshaufen wieder, in dem einige äußerst hingegebene, aber auch sehr unterschiedliche Leute händeringend versuchten, Ordnung zu schaffen. Dabei hatte so ziemlich jeder eine andere Vorstellung von Ordnung.

Zumindest eines war festgelegt: Das gemeinsame Frühstück jeden Morgen um sieben Uhr und danach die Andacht mit Anbetungszeit. Das war aber auch alles, was klar war. Wer für den Morgen verantwortlich war, wer predigte oder die Gitarre spielte, blieb offen. Hier lernte ich das Wort Spontaneität wirklich zu buchstabieren.

Oft hörte ich in der letzten Sekunde, bevor alles losging, ich sei mit Predigen dran. So durfte ich mich schon in der Frühe entscheiden, das Land einzunehmen oder von seiner Eroberung nur zu träumen. Also sprang ich über meine Grenzen.

Ich sprach meistens davon, wie ich die Wahrheiten der Bibel in meinem eigenen Leben erfahren hatte, und lernte dabei, dass man eigentlich immer etwas von Gott bekommt, womit man anderen Leuten dienen kann. Trotzdem verließ ich nicht selten nach der Andacht das Wohnzimmer mit dem flauen Gefühl im Bauch: Hättest du mal besser nichts gesagt. Ich war mir nie ganz sicher, ob ich das Ziel getroffen und ob man mich überhaupt verstanden hatte.

Aber so entwickelt sich ein Dienst: Versuch und Irrtum, Wagemut und Fehler, aber auch Erfolg und Sieg. In einem Lied, das wir damals sehr oft sangen, heißt es: „Komm mit aufs Wasser und werde zum Kind und lass dich führen vom himmlischen Wind …“ Was hier so ein bisschen poetisch-naiv klingt, ist doch eine tiefe geistliche Wahrheit. Gott liebt es, wenn wir für ihn verfügbar sind, um in seine Wege und seine Pläne einzusteigen.

Das Schlüsselwort ist Verfügbarkeit. Bin ich bereit, auf Dinge einzugehen, die nicht auf meiner Agenda stehen? Oft sind uns unsere eigenen Programme im Weg, und nicht selten kommt es vor, dass sie sogar im krassen Gegensatz zu dem stehen, wie Gott handeln möchte. Auch die Bitte um Segen ändert daran nichts. „Meine Speise ist die, dass ich tue den Willen dessen, der mich gesandt hat, und vollende sein Werk“ (Johannes 4,34).

Ich sah die Andacht immer als den Teppich für den Tag. Er war ausgebreitet, und nun konnte man darauf laufen. Wenn man fiel, fiel man weich. Wichtig war nur, wieder aufzustehen. In der gemeinsamen Arbeitszeit konnte man sehen, inwieweit der einzelne Reha-Gast das schon verinnerlicht hatte.

Das größte Wunder ist, wenn sich der Charakter eines Menschen verändert. Wenn ein Egoist anfängt, sich in selbstloser Weise um andere Menschen zu kümmern. Wenn ein Lebensstil von Lüge und Selbstbetrug durchbrochen wird und der Wahrheit und der Gerechtigkeit Platz machen. Oder noch viel simpler gesagt: Wenn sich Faulheit verwandelt in Fleiß, Unpünktlichkeit in Pünktlichkeit und Unzuverlässigkeit in Zuverlässigkeit.

Wenn jemand Gott an sein Gewissen heranlässt und in der seelsorgerlichen Beichte anfängt, sein ganzes Leben aufzudecken. Wenn jemand Gottes Licht in die Finsternis seines Lebens hineinscheinen lässt, um selbst die verborgenen und dunkelsten Ecken erhellen zu lassen – und dann auch noch bereit ist, die Konsequenzen seiner Verfehlungen zu tragen und die Dinge wieder in Ordnung zu bringen.

Martin war so jemand. Nach einigem Auf und Ab, Abbrüchen und einem Rausschmiss entschloss er sich, Gott in sein Leben zu lassen und ihm mehr zu vertrauen. Für ihn stand eine Gerichtsverhandlung an. Da er bereits vorbestraft und auf Bewährung draußen war, konnte er sich an fünf Fingern ausrechnen, dass er wahrscheinlich in Haft wandern würde.

Die Verhandlung fand genau an dem Tag statt, an dem sich Andreas Baader und Gudrun Ensslin von der Baader-Meinhof-Bande und der RAF im Gefängnis das Leben nahmen.

Ich begleitete Martin zum Gerichtstermin in Dortmund. Auf dem Weg dorthin eröffnete er mir, er sei entschlossen reinen Tisch zu machen, er wolle die Wahrheit sagen. Meine erste Reaktion war ganz typisch: „Dann wird es nichts mit der Bewährungsstrafe."

Unsere Gebete fielen demzufolge auch recht simpel aus: „Gott, du kannst ein Wunder tun, und genau darum bitten wir dich. Bitte gib, dass Martin wieder mit nach Hause fahren kann." Martins Verteidiger sah seine ganze Strategie den Bach runter gehen und warnte ihn ernsthaft vor den Konsequenzen. Er meinte: „Wenn du alles zugibst, redest du dich um Kopf und Kragen." Doch für Martin gab es kein Zurück mehr. Wenn er Gott eine wirkliche Chance geben wollte, musste er zu dem stehen, was er getan hatte. Eines hatte er in seinem kurzen Leben als Christ schon begriffen: Gott würde sich nicht auf die Seite eines Lügners stellen.

Während ich draußen im Flur auf der Bank saß und darauf wartete, in den Gerichtssaal gerufen zu werden, betete ich Sturm und überlegte mir, wie ich den Richter davon überzeugen konnte, Martin wieder gehen zu lassen.

Ich musste lange warten, und als ich dann endlich den Gerichtssaal betreten durfte, war schon alles gelaufen. Martin hatte tatsächlich alle Fragen wahrheitsgemäß beantwortet, hatte von der Therapie erzählt, von allem Auf und Ab, von seinem neu gefundenen Glauben und der damit einhergehenden Hoffnung für seine Zukunft. Richter und Staatsanwalt waren überzeugt von seiner Aufrichtigkeit und wälzten nun gemeinsam die Gesetzbücher, um irgendeinen rechtlich sauberen Weg zu finden, Martin eine Haftstrafe zu ersparen. Der Verteidiger stand mehr oder weniger verdattert daneben und kämpfte wahrscheinlich mit seinen Schwierigkeiten, Gottes Strategie zu kapieren. Die beiden Gesetzeshüter fanden einen Weg und schufen damit einen Präzedenzfall. Martin bekam eine weitere Bewährungsstrafe. Und wir fuhren heim wie die Träumenden.

Martin wurde niemals rückfällig. Er und seine Frau Gila, die mit ihm gemeinsam die Therapie machte, sind bis heute der FCJG treu geblieben. Sie leiten „HELP International e.V.", gehören zu den Ältesten und sind tragende Säulen, ohne die die FCJG nicht das geworden wäre, was sie heute ist. Mit ihren vier Kindern und einen Enkelkind sind sie im wahrsten Sinne des Wortes ein Spiegelbild der Liebe Gottes. Niemand würde heute hinter dieser Familie das mörderische Heroin erkennen können, das sie fast umgebracht hat.

Natürlich gingen nicht alle Geschichten so glücklich aus. Mancher Drogenabhängige brach zu schnell und vorzeitig die Therapie ab, entweder weil er irrigerweise glaubte, er sei bereits fertig oder könne nicht länger ohne Stoff leben, oder weil ihm das Leben mit Gott nicht schmeckte. Andere stolperten über die Hürde, den neu gefundenen Glauben mit dem alltäglichen Leben in Einklang zu bringen. Aber etliche wurden wirklich frei. Nicht alle sind Mitarbeiter geworden oder in der FCJG geblieben, aber das war ja auch nicht unbedingt das Ziel.

Schon bald wurde mir bewusst: Meine Hingabe an die Gemeinschaft für die Dauer von einem Jahr würde nicht reichen. Ich konnte so viel lernen und hatte auf der anderen Seite so viel zu geben. Mein Leben fühlte sich plötzlich sehr fruchtbar an. Und das Schöne war, Irene empfand genau wie ich. Ihr machte es große Freude, mit den drogenabhängigen Frauen zu arbeiten und zu beten. Außerdem wurde sie mit den Finanzen betraut: eine enorme Glaubensherausforderung. Der Gedanke, irgendwann irgendwo anders hinzugehen und die Zeit im Wiedenhof als Sprungbrett in eine Großstadt zu sehen, rückte mit den Monaten in immer weitere Ferne und endete mit der einstimmigen Entscheidung zu bleiben.

Die FCJG-Belegschaft war ein reges Völkchen. Die verschiedenen Dienste sprossen nur so aus dem Boden, wuchsen und wucherten.

Der Musikdienst und die Band waren sehr gefragt. Sie gingen immer öfter auf Konzerttour, und mittlerweile nahmen auch andere Musiker ihre Dienste im Studio in Anspruch. Der ganze Arbeitszweig wurde zunehmend zeitintensiver. Das hatte zur Folge, dass Irene und ich mehr und mehr die Verantwortung für die Reha und die damit zusammenhängenden Arbeiten übertragen bekamen.

Und ganz dezent bahnten sich die ersten Schwierigkeiten an. Der eine Dienst orientierte sich nach außen, war sehr evangelistisch, brachte aber auch sehr viel Unruhe ins Haus. Der Betreuungs-Dienst hingegen war eher seelsorgerlich, wiederherstellend und bewahrend, also mehr nach innen gerichtet. Und so war es nicht weiter verwunderlich, dass beide Dienste sich an verschiedenen Stellen rieben.

Eines schönen Tages hielt ein großer Reisebus in der Einfahrt vom Wiedenhof. Ihm entstiegen etwa fünfzig meist junge Leute von *Jugend mit einer Mission* aus Hurlach. Zum ersten Mal begegnete mir Keith Warrington, der damalige Deutschlandleiter von JmeM. Ich mochte ihn auf Anhieb. Irgendwie hatte ich das Gefühl, der Heilige Geist flüstere mir ins Ohr: „Öffne dich für diesen Mann, denn ihr werdet eine gute Wegstrecke gemeinsam für das Reich Gottes gehen." Was sich als richtig erwies. In den nächsten Jahren vertiefte sich die Beziehung zu JmeM und wurde immer freundschaftlicher. Gemeinsame Seminare und verschiedene Musikproduktionen waren die Folge.

Anfang 1978 wurde ich ins ökumenische Lebenszentrum in Ottmaring eingeladen. Das *Treffen von Verantwortlichen* war eine Versammlung von evangelischen Pastoren, christlichen Autoren, CVJM-Sekretären und Leitern von evangelischen Kommunitäten in Deutschland. Ich fühlte mich total fehl am Platz. Zweifelsohne prallten hier zwei Welten aufeinander, wie sie unterschiedlicher nicht hätten sein können. Keith und Pastor

Edel aus Lüdenscheid bemühten sich redlich um mich. Ohne die beiden an meiner Seite wäre ich wahrscheinlich abgehauen. Fast das Einzige, was ich bei diesem Treffen begriff, war das, was ich immer sehr schnell begreife: Ich wurde geliebt und angenommen, wie ich war. Niemand machte auch nur den geringsten Versuch, mich zu verändern.

Auch dies begriff ich: Bei den Treffen ging es primär um die Einheit des Volkes Gottes. Das Vokabular, das dort gebraucht wurde, war für mich wie eine Fremdsprache, schwer zu verstehen und äußerst verkopft, sehr insidermäßig und intellektuell. Aber trotzdem hoch interessant, denn die Teilnehmer schauten den Leib Christi und das Reich Gottes aus einer mir völlig unbekannten Perspektive an. Hier wurde mir vermittelt, mal über meinen gewohnten Tellerrand zu gucken. Kurzum, ein Platz, an dem ich sehr viel lernen konnte.

Zu diesem Kreis gehöre ich noch heute. Er ist mittlerweile um etliche neue Teilnehmer gewachsen, und ein ansehnlicher Teil der Bandbreite des Leibes Christi ist dort vertreten. In diesem einzigartigen Netzwerk von Beziehungen habe ich wertvolle Mütter und Väter in Christus gefunden.

Meine Berührungsängste mit anderen und andersartigen Christen haben sich völlig abgebaut. Ich kenne etliche griechisch- und russisch-orthodoxe Christen, kenne Katholiken, Lutheraner, Baptisten, Evangelikale, Pfingstler, Charismatiker und Christen aller Schattierungen dazwischen. Überall habe ich Menschen kennen gelernt, die mit aufrichtigem Herzen danach trachten, Gott zu lieben und Jesus nachzufolgen.

Ich muss zugeben, ich verstehe nicht immer, warum dieses oder jenes in den verschiedenen christlichen Gruppierungen geglaubt, gelehrt und gelebt wird. Vieles ist und bleibt mir völlig fremd. Aber ich muss auch nicht immer alles beurteilen, in passende Schubladen einordnen und damit abhaken. Ich versuche, eine Weite zu leben, den anders Glaubenden stehen zu lassen und das Gemeinsame und Verbindende zu suchen. In der heutigen Zeit braucht die Welt mehr denn je eine Kirche, deren unterschiedliche Glieder einander respektieren, die Versöhnung lebt und Antworten gibt. Wir sollen Probleme lösen, nicht schaffen. Die Menschen, die das Evangelium so nötig brauchen, werden uns dafür dankbar sein. Unsere gemeinsame Front ist da, wo Verlorenheit und Verzweiflung den Takt des Lebens bestimmen. Für die kleinen internen Scharmützel sollte uns jeder noch so unbedeutende Kraftaufwand zu viel sein.

Manchmal empfand ich die Atmosphäre im Wiedenhof nur zum Weglaufen. Die Gäste waren unmotiviert und motzten, die Mitarbeiter verhielten sich nicht so, wie ich es gerne gehabt hätte, und überhaupt fand ich alles nur deprimierend. Solch eine Stimmung trieb mich meistens dazu, mich in mein Auto zu setzen und auf die Tube zu drücken. Das war meine Art, mit Stress und Druck umzugehen und Dampf abzulassen, um den Kopf klar zu kriegen.

Genau in solch einer Gemütsverfassung befand ich mich, als ich mich auf den Berg Wislade verirrte: vier leer stehende Gebäude, ein bewohntes Einfamilienhaus und ein wunderschönes Gelände mit Wiesen und Wald. Sofort fing ich an zu träumen. Diese Immobilie wäre einfach ideal geeignet als Schulungszentrum.

Begeistert und neu motiviert berichtete ich den Mitarbeitern von meiner Entdeckung und löste damit unbewusst eine fundamentale Krise aus. Binnen weniger Wochen wurden die Beziehungen untereinander so erschüttert, dass ich nicht mehr wusste, wo oben und unten war. Den anderen erging es wohl nicht anders.

Auf einmal entdeckte jeder für sich, wie wenig wir doch gemeinsam an einem Strang zogen. Jeder hatte so seine eigenen Vorstellungen von der gemeinsamen Zukunft. Keiner hatte bis zu diesem Zeitpunkt realisiert, wie weit wir uns schon voneinander entfernt hatten. Das Projekt Wislade brachte alles ans Licht. Die einen schrieen „hüh“, die anderen „hott“, und auf einmal war es gar nicht mehr so schön, mit vielen unter einem Dach zu leben.

In großer Verzweiflung baten wir Keith um Hilfe. Er hörte sich geduldig die Chaos-Meldungen an und korrigierte erst einmal die Sicht der Dinge. „Das Reich Gottes ist in erster Linie auf Beziehungen gegründet und nicht auf Dienst oder Aktivitäten“, war sein Kommentar. Er hatte ganz klar erkannt: Die verschiedenen Dienstbereiche waren ungeheuer schnell gewachsen, und jeder empfand seinen Dienst als den mit Abstand wichtigsten.

Er gab uns den Rat, die Arbeiten auf das Wesentliche zu beschneiden und die gewonnene Zeit dazu zu nutzen, die Beziehungen untereinander auszubauen und zu intensivieren. Ein Projekt wie die Wislade müsse nicht nur von einer Vision her geboren werden, sondern aus der Einheit einer Gemeinschaft. Jeder sah das sofort ein, nur fehlte uns die Kraft, Demut, Reife und Weisheit, diese Erkenntnis auch in die Tat umzusetzen.

Der Alltag holte uns ganz schnell wieder ein. Jeder wurschtelte so vor sich hin, und ruckzuck fanden wir uns in gewohntem und gut ausgebautem Fahrwasser wieder. Der Krug geht so lange zum Brunnen, bis er bricht. Genau das geschah mit uns. Ein riesiger Riss klaffte mitten durch die Gemeinschaft und ließ letztendlich alles auseinander brechen. Es kam zum Eklat.

Fast über Nacht halbierte sich die Anzahl der Mitarbeiter. Ein paar Wenige blieben übrig. Ich blickte absolut nicht mehr durch. So ungefähr muss sich jemand fühlen, der von einem Zug überrollt wird. Aber nicht nur ich war erstarrt in Fassungslosigkeit. Die ganze FCJG wurde bis in die Grundfesten erschüttert. Alles, was so solide ausgesehen hatte, wies nun die Stabilität eines Kartenhauses auf. Auf allen Gebieten zeigten sich Zerfallserscheinungen.

Die Jugendstunde im Wiedenhofsaal löste sich in Wohlgefallen auf, und wir konnten uns fortan aus Mangel an Besuchern im Wohnzimmer treffen. Ein Dienst nach dem anderen brach zusammen oder musste aufgegeben werden, denn es mangelte inzwischen auch an Mitarbeitern. Und in der Stadt kursierten die wildesten Gerüchte.

Immer öfter fragte ich mich ernsthaft in dem oftmals zermürbenden Hin und Her des Alltags und der unstabilen Situation im Haus, ob meine Entscheidung zu bleiben richtig war. Sollten

Irene und ich doch woanders hingehen? Irgendwohin, wo Dinge klarer, Menschen reifer, der Glaube fundamentierter war? Und jedes Mal kam die Antwort in Form der Bibelstelle: „Herr, wohin sollen wir gehen? Du hast Worte des ewigen Lebens" (Johannes 6,68).

Petrus muss so ähnlich empfunden haben wie ich. Tief in mir wusste ich, ich befand mich am richtigen Platz. Jeder andere Ort wäre ein Schritt in eine große Leere gewesen, hinab in ein tiefes dunkles Loch ohne Boden, ohne Halt und Orientierung. Wie soll man glücklich werden, wenn man sich bewusst aus dem Willen Gottes begibt?

Trotzdem war ich ganz nahe daran aufzugeben, meine Sachen zu packen und Lüdenscheid und allem damit Verbundenen den Rücken zuzukehren. Was und wer hielt mich davon ab? Da war als Erstes der Ruf Gottes nach Lüdenscheid, den ich unmissverständlich gehört hatte. Und so sehr ich mich auch anstrengte, ich hörte einfach nicht, dass er seine Gültigkeit verloren hätte. Im Gegenteil. In mir stand etwas auf, was sagte: Jetzt erst recht! Und zweitens: Da waren Menschen. Menschen wie Martin und Gila, Nikola und Sylvia, Bernd (die drei letzteren waren kurz zuvor vom Land nach Lüdenscheid gezogen, um die Reha zu unterstützen) und einige andere Mitarbeiter. Und da gab es noch die, die hoffnungsvoll ins Haus gekommen waren, um Hilfe für ihr verkorkstes Leben zu bekommen. Ich konnte einfach nicht aufgeben.

Wieder war Keith mir eine große Hilfe. Er führte mir neu vor Augen, dass das Reich Gottes aus Beziehungen besteht. Die Beziehung des Vaters zu Jesus und zum Heiligen Geist, die Gottesbeziehung zu den Menschen und die Beziehung der Menschen untereinander.

> „Wenn wir sagen, dass wir Gemeinschaft mit ihm haben, und wandeln in der Finsternis, so lügen wir und tun nicht die Wahrheit. Wenn wir aber im Licht wandeln, wie er im Licht ist, so haben wir Gemeinschaft untereinander, und das Blut Jesu, seines Sohnes, macht uns rein von aller Sünde“ (1. Johannes 1,6-7).

„Ihr müsst lernen, in wirklich guter Gemeinschaft mit Gott und untereinander zu leben“, war Keith‘ Rat. „Gut gebrüllt, Löwe“, dachte ich, denn einen praktischen Tipp lieferte er mir nicht. Mir war schon klar, dass die Basis unseres gemeinsamen Lebens der Dienst gewesen war: Aktion, Erfolg, Gebäude, etwas darstellen. Es war schon klasse, in den christlichen Zeitungen in den Himmel gelobt zu werden. Nur, man wächst nicht gesund nach oben in den Himmel, wenn man unten im Boden nicht fest gegründet ist und tiefe Wurzeln geschlagen hat. Das hatten wir schmerzhaft erfahren müssen.

Die ganze Niederlage war sehr demütigend, aber im Nachhinein gesehen auch unglaublich wertvoll. Bei weitem die größte Herausforderung für mich war, nicht bitter zu werden. Ich war eigentlich nur für ein Jahr zum Helfen gekommen, und nun hing die ganze Arbeit an mir. Und es waren ja nicht nur Dienste in den Sand gesetzt worden, sondern langjährige, freundschaftliche Beziehungen waren zu Bruch gegangen.

So krempelten alle Zurückgebliebenen die Ärmel hoch und machten sich ans Aufräumen, Säubern und Entrümpeln. Ich meine das geistlich gesehen. Erst einmal wurden die Geschehnisse analysiert und eingeordnet, dann wurde nach Schmutz geschaut und im Gebet gereinigt und zum Schluss alles über Bord geworfen, was Ballast und unnütz war.

Es wurden Wunden geleckt, Fehler eingesehen und bereinigt und die Gegenwart Gottes gesucht, um Lösungen für verfahrene Situationen zu finden. Außerdem entwickelten sich auch ganz praktische Resultate, wie regelmäßige Treffen der Mitarbeiter, um gemeinsam zu beten und die alltäglichen Dinge zu besprechen und zu meistern. Dort wurde beschlossen, wichtige Entscheidungen nur noch in Einheit zu treffen. Konnte man über einer wichtigen Angelegenheit oder einem entscheidenden Problem nicht eins werden, legte man es auf den Altar, um noch einmal darüber zu beten, beim nächsten Treffen entschied man dann. Das hatte zur Folge, dass wichtige Dinge nicht länger aus dem Bauch heraus entschieden, sondern ernsthaft und verantwortlich geprüft wurden. Und jeder war besser davor geschützt, etwas festzuhalten oder gar erzwingen zu wollen. Die Devise lautete: Einheit macht stark, und was trennt, wird nicht gemacht.

Auf zu neuen Ufern

Drei Jahre folgten, in denen das innere Haus gebaut wurde. Die Wunden verheilten und das Zusammenleben wurde immer runder. Die Mitarbeiterschaft hatte sich gefestigt, es waren sogar einige Neue dazugekommen. Allgemein herrschte der Eindruck: Wir werden bis an unser Lebensende Reha machen und zusammenbleiben.

Die Jugendstunde erholte sich, die Besucherzahl war wieder gestiegen und auch die geistliche Dichte hatte zugenommen. Meistens übernahm ich die Predigten und zu meinem Leidwesen auch die Anbetung. Ich konnte zwar ein wenig Gitarre spielen, war aber eher ein guter Zuhörer. Doch Fakt blieb, die Musiker hatten allesamt das Feld geräumt, und irgendjemand musste es ja machen. Gott sei Dank, er ist nicht von unserem Können oder Nichtkönnen abhängig. Sein Geist weht, wo er will. Und er wehte. Es passierten wieder die gleichen Dinge wie vor dem großen Zerwürfnis.

Auch die Reha stabilisierte sich. Martin restaurierte alte Möbel und verkaufte sie, baute den Arbeitszweig noch aus und gab damit den Hilfesuchenden eine sinnvolle Arbeit. Nikola übernahm die Öffentlichkeitsarbeit und schlug sich mit der Druckmaschine herum, Bernd war mein Stellvertreter und arbeitete hauptsächlich praktisch mit den Gästen – so nannten wir die Rehabilitanden –, und ich arbeitete daran, die FCJG in der Außenwelt bekannt zu machen und zu vertreten. Alle Mitarbeiter und Mitarbeiterinnen waren in der Betreuung der Rehagäste involviert.

Und dann war da noch das ganz banale alltägliche Leben, welches es zu bewältigen galt. Ein altes Gebäude wie den Wiedenhof und die Umlagen in Schuss und sauber zu halten, für alle einzukaufen und zu kochen, die Berge an Wäsche zu waschen, die Autos zu warten, die Finanzen zu ordnen und, und, und …, das allein forderte einen immensen Kraftaufwand.

Gemeinsam manövrierten wir das Schiff FCJG durch tiefe und seichte Wasser, manchmal waren Eisberge, sprich Finanzmangel, und Kliffe, d. h. Gästeprobleme, im Weg und drohten den Weg zu versperren. Manchmal befanden wir uns auf offener See, wo die Welt schier grenzenlos und wo nichts unmöglich schien. Wir feierten rauschende Feste an Deck und schufteten wie die Wilden im Maschinenraum. Das Wichtigste aber war: Wir hielten und standen zusammen wie ein Mann und setzten dabei die Segel: Wir waren auf dem Weg zu neuen Ufern.

Für mich kam solch ein neues Ufer in Sicht, als eine offizielle Einladung von JmeM in Schloss Hurlach auf meinen Schreibtisch flatterte. Ich sollte in ihrer Jüngerschaftsschule lehren. Eigentlich sagte mir mein Verstand, der Zeitpunkt sei äußerst ungünstig. Es war kurz nach der Trennung. Die Mannschaft im Wiedenhof raffte sich gerade mal zusammen, und alles stand noch auf wackeligen Füßen. Außerdem sollte ich gleich eine ganze Woche lang meine Erkenntnisse mit den Schülern teilen, und ich war mir absolut nicht sicher, ob ich dermaßen viel Weisheit weiterzugeben hatte. Aber mein Herz schlug bis zum Hals, und ich konnte der Verlockung nicht widerstehen und sagte zu.

Wochenlange Vorbereitungen folgten. Ich betete wie ein Weltmeister, wälzte die Bibel und meine Gehirnmasse hin und her und beschrieb tonnenweise Papier, nur um es dann beschrieben in den Papierkorb zu schmeißen.

Das Ergebnis war niederschmetternd: Nur eine mickrige Predigt hatte es geschafft, mit mir gemeinsam den Weg nach Süddeutschland anzutreten.

Der einzige Gedanke, der auf der langen Fahrt in meinem Kopf kreiste, war der über meinen nahen Untergang: „Mann, das überlebst du nicht!" Doch als ich ankam, nahm man mich so gastfreundlich auf, dass alle Anspannung von mir abfiel. Ich tröstete mich mit der Idee, hier gar nichts verkehrt machen zu können, denn wahrscheinlich würden sie eine Niete nur umso mehr mögen.

Und tatsächlich wurde es eine wunderbare Woche. Ich überlebte nicht nur, ich sprudelte nur so über von Inspirationen. Die Anbetung war schön und beflügelnd und lieferte mir Predigtstoff direkt vom Himmel. Die Ideen kamen, während ich versunken und mit offenen Händen vor Gott stand. Ich predigte über kompromisslose Jüngerschaft und Nachfolge und darüber, wie wichtig Treue in kleinen Dingen ist (Lukas 16,10). Ich sprach über Gottes Ausschauhalten nach den Treuen im Land und seine Verheißung für sie (Psalm 101,6). Er sucht nicht die Hochbegabten, die charismatisch schillernden Figuren, er sucht die Treuen, denen er etwas anvertrauen kann. Ihnen verheißt er, sie über Großes zu setzen.

Ich sprach über die Kraft eines reinen Gewissens, die Grundlagen von Buße, über die freisetzende Macht von Wiedergutmachung, über Wiederherstellung und Heilung. Ich ermutigte die Studenten, ihr altes Leben zu verlassen, welches die Bibel mit Ägypten vergleicht, über den Jordan zu gehen und das verheißene Land einzunehmen. Gott hat für jeden Christen ein Erbe auf dieser Welt. Und ich lehrte über den wunderbaren Plan A, den Masterplan, den Gott für jeden Christen hat.

Die Woche ging in null Komma nichts herum. Der Wagen war bereits gepackt und ich wollte eben die Heimfahrt antreten, als ein australischer JmeMer auf mich zukam, um für mich zu beten. Ich verstand ihn kaum, meine Englischkenntnisse hielten sich nämlich in Grenzen, aber das hinderte ihn nicht. Er drückte mich einfach runter auf die Knie und fing an zu prophezeien. Zwei Worte kamen dabei immer wieder vor, die auch ich verstand: *„Germany“* und *„nations“*.

Das Ganze wirkte unglaublich heilend und befreiend auf mich, irgendwie so, als wenn in diesem Moment ein Joch über mir zerbräche. Denn bis zu dem Zeitpunkt hatte ich mich noch nicht restlos vom Selbstvorwurf frei machen können, ungewollt der Auslöser der Krise in Lüdenscheid gewesen zu sein. Dass die Rückfahrt anders verlief als die Hinfahrt, ist wohl keine Frage. Auf der Hinreise hatte nur der eine Gedanke an den nahenden Ruin mein Gehirn zermartert, bei der Rückreise bauten sich wie von alleine Gedankentürme auf, die mir unendliche Aussichten eröffneten. Plötzlich war wieder alles möglich.

Mein Leben bekam durch diese Einladung eine Wende. Ich wurde mehr und mehr zum Predigen eingeladen. Allerdings hielt ich mich zurück; im Wiedenhof gab es noch so viel zu tun.

Im Jahre 1983 geschahen dann weitere wichtige Veränderungen. Einer der Leiter von JmeM in Deutschland fragte mich wie aus heiterem Himmel: „Walter, was hältst du davon, wenn JmeM und die FCJG mal wieder gemeinsam etwas ‚Richtiges' für Gott tun?" Mit „Richtiges" meinte er ein Seminar mit praktischen Auswirkungen in der Stadt.

Ich sah ihn ziemlich verdutzt an und erinnerte mich an Irenes Worte. Schon seit längerem lag sie mir in den Ohren, wir würden zu wenig evangelisieren. Um ehrlich zu sein, hatten ihre Worte mich so sehr aufgerüttelt, dass ich das Anliegen im täglichen Gebet hin und her bewegte. Eigentlich hatte ich sogar ein Ultimatum gestellt. Ich hatte nämlich gebetet: „Herr, wenn du wirklich willst, dass wir wieder an die Hecken und Zäune gehen, dann musst du neue Mitarbeiter senden. Die Truppe, die in der Reha arbeitet, hat einfach keine Kapazität mehr, um auch noch auf den Straßen präsent zu sein."

Geschweige denn, eine Konferenz zu veranstalten. Ich ahnte, was da unter Umständen auf uns zukommen konnte. Als dann noch ein weiterer JmeM-Mitarbeiter das gleiche Thema anschnitt, war ich erst einmal völlig „abgelöscht". Aber ich betete weiter.

Und dann stand eines schönen Tages ein Ehepaar vor der Tür. Frisch von der Bibelschule und hoch motiviert, ihr Praktikum im Wiedenhof anzutreten. Ich sah sie und in mir sagte eine leise Stimme: „Das sind sie. Vor dir steht deine Gebetserhörung." Helmut und Ulrike Diefenbach traten in die Geschichte der FCJG ein. Erst war ich skeptisch, denn sie fragten eigentlich nur für die Dauer von einem Jahr an. Sie wollten ein wenig Reha-Luft schnuppern, um dann später vielleicht eine eigene Arbeit zu starten. Aber, genau wie bei Irene und mir, wurden auch bei ihnen aus dem geplanten einem Jahr mittlerweile Jahrzehnte. Sie blieben der Stadt, der FCJG und mir als Freunde bis heute erhalten.

Ich nahm das Anliegen des Seminars mit ins Gebetstreffen, zu dem ich mich einmal wöchentlich mit einem katholischen Priester, einem Baptistenpastor und einem lutherischen Pfarrer traf. Alle drei leiteten Gemeinden in Lüdenscheid, und wir verstanden uns blendend. Was für eine Konstellation! Ein bisschen empfanden wir uns wie die Priester im alten Israel. Sie standen neben der Bundeslade im trockenen Jordanbett, und Millionen von Menschen plus Vieh liefen an ihnen vorbei direkt hinein ins verheißene Land, ohne sich die Füße nass zu machen. In der Tat kamen in den Jahren, in denen wir zusammen beteten, viele Lüdenscheider zum Glauben, und so fiel es uns leicht, über ein größeres Seminar in der Stadt nachzudenken und es schließlich zu bejahen.

Auch die FCJG-Mitarbeiter waren Feuer und Flamme für die Idee und entschieden: Im Frühjahr 1984 sollte unter dem Motto „Eine Stadt für Gott" eine evangelistische Konferenz mit praktischen Einsätzen stattfinden. Langsam nahmen die am Anfang sehr undeutlichen Konturen des Events immer klarere Formen an und wurden maßgeblich inspiriert durch die Arbeit von JmeM in Amsterdam. Es war schon erstaunlich, wie das

Licht des Evangeliums sich in dieser Metropole Wege brach. Viele deutsche Christen schauten hoffnungsvoll auf den neuen Aufbruch in Amsterdam. Dort wurden ganz neue Töne gepredigt. Statt: „Christen, packt eure Sachen und zieht ins Grüne. Verschließt eure Türen vor der bösen Welt und kümmert euch nicht darum, was in den Städten passiert“, hieß es: „Christen, packt eure Sachen und zieht mitten hinein ins Desaster. Lasst euer Licht scheinen in der Finsternis. Geht dahin, wo die Menschen sind, mitten hinein in die Citys.“

Das gefiel mir und berührte mich enorm, hatte ich doch immer geglaubt, bis heute, Christen sollten das Evangelium konstruktiv, kreativ und offensiv verkünden und leben. Viel zu viele leben mit dem Rücken zur Wand, verteidigen sich und kämpfen um ihr nacktes Überleben. Das führt auf die Dauer zu Niederlagen. Nur wenn man vorangeht, wenn man gestaltet und aufbaut, wird man siegreich sein. Und genau dieses sah ich beim Aufbruch in Amsterdam. Die Liebe zu Gott trieb die JmeMer zu den Menschen in die Innenstadt, zu Alten und Jungen, Gutsituierten und sozial Schwachen, zu Prostituierten, Drogenabhängigen, Obdachlosen, zu Menschen jeder Hautfarbe und Kultur.

Am Tag der Konferenzeröffnung platzte der Wiedenhofsaal aus allen Nähten. Die Teilnehmer waren aus ganz Deutschland angereist. JmeM hatte etliche Helfer geschickt, und die Luft war förmlich geschwängert mit Erwartung. Die Spannweite der Lehre reichte von: „Wie sieht Gott Städte?“ über: „Wie kann ein Christ sich diese Perspektive zu eigen machen?“ zu: „Was kann man ganz praktisch tun?“ Und fast jeden Tag gingen die Besucher gemeinsam auf die Straße. Betend und mit offenen Augen liefen sie in Zweierteams durch die Straßen Lüdenscheids und sammelten Eindrücke, um dann, direkt an Ort und Stelle, im Gebet darauf zu reagieren. Viele erlebten das als sehr heilsam und aufrüttelnd. Alle waren sich einig: Bewusst betend durch die Stadt zu gehen, verändert die Perspektive und öffnet geistlich die Augen.

Etliche gaben begeistert Zeugnis. Gebraucht und für andere ein Segen sein zu können, trotz Schwachheiten und Fehlern, waren ganz neue Erfahrungen für sie.

In einer Woche registrierten wir 42 Erstbekehrungen, von denen 41 eine Woche später zum Nachgespräch kamen. Die eine fehlende Person nahm bereits an einer anderen christlichen Freizeit teil und war deshalb nicht erschienen. Von einem Wochenende auf das andere zog die Jugendstunde wieder vom Wohnzimmer in den großen Saal um und wurde ab sofort „überkonfessioneller Gottesdienst“ genannt.

Die Ereignisse überschlugen sich buchstäblich. Wir waren ermutigt und angestachelt durch den Erfolg. Jetzt zog es uns förmlich auf die Straße. Nach anfänglicher Scheu wurde es zum Lebensstil: Irgendjemand war immer irgendwo unterwegs. Samstag nachts, nach dem Gottesdienst, gingen Teams betend in die Stadt oder in irgendwelche Lokale und erlebten dabei Erstaunliches. Sie führten tolle Gespräche, konnten mit und für Menschen beten und erlebten Offenheit auf allen Gebieten. Nicht selten kamen die Nachtschwärmer erst morgens wieder nach Hause.

Irgendwie war der Korken aus der Flasche, und jetzt boomte es nur so. Binnen kürzester Zeit wurde für die Nachsorge ein zweites Haus angemietet. Ehemalige Drogenabhängige siedelten sich an und übernahmen Parts in der Arbeit. Außerdem kamen mehr und mehr Anfragen aus ganz Deutschland, in einem der Häuser mitarbeiten und leben zu dürfen. Das evangelistische Team wuchs und traf sich unter dem Namen Missionskreis. Viele aus dem Kreis hatten den Wunsch, gemeinsam in Wohngemeinschaften zu leben, nach dem Vorbild der Crew im Wiedenhof. Dazu kamen etliche Bitten von Leuten mit akuten Lebensproblemen. Ein weiteres Haus musste her und war auch bald gefunden.

Einen Steinwurf vom Wiedenhof entfernt stand ein großes, aber leider sehr heruntergekommenes Haus. Die Ordnungsbehörde hatte es zwangsräumen lassen, weil darin Drogenhandel und illegale Prostitution abgelaufen waren.

Als Helmut und ich mit dem Makler durch das Haus gingen, wühlten wir uns förmlich durch Dreck und Chaos. Der Strom war abgestellt worden und jede Etage sah aus, als wenn gerade eine Handgranate eingeschlagen hätte. Bei allen Widrigkeiten kam es auch hier nur auf die Perspektive an. Mit vielen helfenden Händen war alles zu schaffen. Mit Putzeimern und Schrubbern, Pinseln und Farbe und vor allen Dingen mit Mut wurde dem Tohuwabohu der Krieg erklärt. Gesagt, getan, gesiegt. Einige Monate später zog das Missionsteam ein, unter der Leitung von Helmut und Ulrike. Das dritte Haus der FCJG bekam den Namen „Missionshaus“.

Natürlich war auch dieses Projekt wieder ein Schritt aufs Wasser. Finanziell gab es keine Absicherung, nur Gottvertrauen. Seit der Gründung der FCJG hatte sich ein Unterstützerkreis aufgebaut, der die Reha über Wasser hielt, doch für jede Erweiterung der Arbeit brauchte man mehr Finanzen. Also wurde der Himmel bestürmt, denn außer wilder Entschlossenheit, Wagemut und Glauben hatten die Mitarbeiter selbst nicht viel zu geben.

Um ehrlich zu sein, manchmal stapelten sich die offenen Rechnungen auf Irenes Schreibtisch. Besonders die Winterzeiten waren hart, denn dann kamen die jährlichen Stromabrechnungen und obendrein trudelten noch die Heizölrechnungen ins Haus. Ich erinnere mich an einen Winter: Draußen war es eiskalt, die Öltanks waren fast leer, der Heizofen drohte auszugehen und die Kasse gähnte vor Leere. Keine Firma wollte mehr Heizöl liefern, weil die Rechnungen nicht bezahlt worden waren. So trommelte ich das Wiedenhof-Team zusammen, und wir beteten Sturm. Aber nichts rührte sich, der Himmel schien wie vernagelt.

Als dann ein Eindruck kam, in dem wir aufgefordert wurden, „erst einmal selber zu geben", waren alle geradezu geschockt. Außer einem Gehalt in Form von Sachbezügen und einem kleinen Taschengeld bekam keiner einen Pfennig vom Verein. Ansonsten musste jeder sehen, wo er blieb, und für sein tägliches Auskommen beten. Zögernd griff ich in die Hosentasche. In meiner Börse befanden sich noch 20 Mark, meine Notgroschen, meine eiserne Reserve. Das war alles, was ich besaß, abgesehen von einem klapprigen Uralt-R4.

Jeder war sich wohl der fast grotesken Situation bewusst, trotzdem legten wir zusammen. Und erklärten bereitwillig, Gott könne alles von uns haben, was wir besaßen. An die Höhe des Betrages kann ich mich nicht mehr erinnern, aber er fiel ziemlich mickrig aus, und alle schmunzelten nur. Er hätte sicherlich nicht einmal für ein Zehntel der kleinsten Ölrechnung gereicht.

Bereits am nächsten Tag erhielten wir die Gebetserhörung in Form einer größeren Summe, die alle alten Ölrechnungen abdeckte und noch dazu für einen vollen Öltank reichte.

Keine Frage, auch das Missionshaus würde Mut und Risikobereitschaft erfordern. Entschlossen nahm das Missionsteam das Haus ein. Selbst die Aussicht, vielleicht einmal eine Zeit ohne Strom und Wasser auskommen zu müssen, schmälerte ihren Eifer nicht. Sie haben in all den Jahren niemals Mangel in diesem Bereich leiden müssen. Manchmal war es knapp, aber Gott ist treu. Oft gibt er über Bitten und Verstehen. Als Sahnehäubchen obendrauf konnte später noch ein kleines Café in den unteren Räumen eingerichtet werden. Es diente als Anlaufstelle für alle möglichen Leute aus Land und Stadt. Nach einigen Jahren wurde es umfunktioniert und ist noch heute eine Anlaufstelle für Obdachlose, die hier eine warme Mahlzeit, eine Dusche und neue Kleidung bekommen können. Und wenn Not am Mann ist, stehen auch noch einige Schlafstellen zur Verfügung.

> „Suchet der Stadt Bestes, dahin ich euch habe wegführen lassen, und betet für sie zum Herrn; denn wenn's ihr wohl geht, so geht's auch euch wohl" (Jeremia 29,7).

Was bedeutet es, das Beste der Stadt zu suchen? Zunächst einmal: Das Volk Gottes ist aufgerufen, für die Stadt, in der es lebt, im Gebet einzutreten. Praktisch kann das so aussehen, wie bei der Konferenz geschehen. Im Alltagsleben ist es immens wichtig, sich einerseits mit der Stadtgeschichte zu befassen und andererseits am aktuellen Geschehen teilzunehmen. So wird der Stoff zum Beten ganz bestimmt nicht ausgehen.

Das Beste für eine Stadt ist, wenn wir versöhnt mit dem Leib Jesu und als Teil davon leben. Zugegeben, das ist eine große Herausforderung, aber nicht unmöglich. Ich persönlich entnehme der Bibel, es gibt nur eine Lokalgemeinde, auch wenn verschiedene christliche Konfessionen und Dienste ihren Platz haben. Da ist der eine Leib mit vielen Gliedern, und Jesus ist das Haupt (1. Korinther 12,1-31).

Die Stadt lieben heißt, den Nöten ganz praktisch die Stirn zu bieten, den Armen und Bedürftigen zu helfen, die Witwen und Waisen nicht zu vergessen, den Fremdlingen die Türen zu öffnen und die Gefangenen zu besuchen (Matthäus 25,31-46).

Und es heißt, die Verlorenen zu suchen, und ist somit eine aktive Sache. Wenn man etwas verloren hat, was einem wertvoll ist, dann begibt man sich auf die Suche und investiert alles, um es wiederzufinden. Das war, ist und wird immer Jesu Ausdruck seiner Liebe zu den Menschen sein. Und es sollte auch der Antrieb jedes Christen sein. Das Evangelium mit anderen zu teilen ist das Kernstück des Ganzen (Lukas 15).

In der Tat gibt es für mich keine größere Freude, als einem Menschen dabei zu helfen, den Weg zu Jesus zu suchen und zu finden.

Ich denke da an Nikola, den Ersten, den ich auf diesem Weg begleiten durfte. Gerade einmal selber frisch bekehrt, hatte ich monatelang versucht die Drogenszene aufzumischen. Leider erfolglos, niemand schien sich sonderlich für meine neuen Erkenntnisse zu interessieren. Bis ich Nikola traf. Er war offen wie ein Scheunentor, bombardierte mich geradezu mit Fragen und stellte dann zu guter Letzt die Frage aller Fragen: „Wie kann ich Gott kennen lernen?" Im ersten Moment war ich absolut hilflos. Ich hatte keinen blassen Schimmer und nur sehr langsam dämmerte es mir.

Die Bibel sagt: Jeder, der den Namen des Herrn anruft, wird gerettet (Apostelgeschichte 10,43), und: Wo zwei oder drei in Jesu Namen zusammen sind, da ist er wahrhaftig mitten unter ihnen (Matthäus 18,20).

Und wenn man mit jemand zusammen ist, kann man auch mit ihm reden, logischerweise. So ermutigte ich Nikola, mit Jesus zu sprechen und ihm alles zu sagen, was ihm einfiel. Was er dann auch tat, nach einigen höchst spannenden Minuten. Und so wurde Nikola gerettet und ein Freund Jesu. Und er wurde einer meiner besten Freunde.

Für mich ist ein Leben ohne die gute Botschaft weiterzugeben undenkbar. Schon wenige Minuten nach meiner ersten Gottesbegegnung spürte ich das unbändige Feuer in mir, alle daran teilhaben lassen zu müssen. Ich kann einfach nicht still darüber sein, dass es einen guten Gott gibt, der liebt, rettet und heilt und der den Himmel in die Herzen bringen möchte.

Die nächsten Monate und Jahre standen unter dem Motto „Suchet der Stadt Bestes". Alle Mitarbeiter der FCJG waren in irgendeiner Art involviert, und es kamen immer mehr Helfer aus dem ganzen Land, um uns zu unterstützen. Ich erhielt mehr und mehr Einladungen aus ganz Deutschland, von dem zu berichten, was sich in Lüdenscheid tat, zu predigen und zu evangelisieren.

Letzteres war mein Allerliebstes.

Zum „GO-Festival“ in Frankfurt lud man mich ein, um einige Workshops zu gestalten und in den Straßen von Frankfurt zu evangelisieren. Ein Team der FCJG unterstützte mich tatkräftig. Gemeinsam standen wir im strömenden Regen direkt am Hauptbahnhof, und ich predigte, was das Zeug hielt. Und keiner der Zuhörer rannte weg, sie blieben wie gebannt stehen, selbst die vielen Drogenabhängigen, was in sich selbst schon an ein Wunder grenzte.

Während des Festivals kam mir das Gerücht zu Ohren, ich solle auf dem Römer, dem Frankfurter Rathausplatz, predigen. Chuck Girard von *Lovesong* würde spielen, eine meiner Lieblingsbands aus der *Jesus-People*-Zeit, und dann wäre ich dran. Man rechnete mit mindestens 5000 Zuhörern.

Es blieb ein Gerücht. John Goodfellow von JmeM Amsterdam erhielt den Zuschlag, er durfte predigen. Ich war so enttäuscht und hatte tatsächlich mit Neid und Eifersucht zu kämpfen, als er auf die Bühne trat. Ich dachte sogar: „Hoffentlich bekehrt sich niemand.“ Aber der Gedanke hatte sich kaum geregt, da schlug mein Gewissen auch schon bis zum Hals. Als John die ersten Sätze sprach, stiegen mir Tränen in die Augen. Ich war der Erste, der sich bekehrte. Dass solche verkorksten Gedanken überhaupt in mir hochgekommen waren, beschämte mich zutiefst, und ich stammelte an der Bühnenseite: „Herr, es tut mir wirklich Leid, bitte vergib mir.“

Dann segnete ich John und betete für viele Bekehrungen. Er predigte auch wirklich genial, und bei seiner Einladung, Jesus kennen zu lernen, hoben viele die Hand und sprachen Lebensübergabe-Gebete. Es war ein besonderer Moment und mein Highlight beim GO-Festival.

Ich war wieder einmal mir selbst begegnet, meiner Engherzigkeit und meinem Geltungsdrang und Egoismus. Wie schnell kann es gehen, dass man sich selbst vom Segensstrom Gottes abschneidet! Man macht sich zu, ärgert sich, baut Mauern und Grenzen in seinen Gedanken auf, wird ungerecht und bitter, um dann schließlich kraftlos und enttäuscht am Rand des eigentlichen Geschehens zu enden und dahinzuvegetieren. Oder der Feind redet einem ein, man sei nichts wert, andere seien besser, beliebter und begabter, und alles, was man ist und tut, werde nicht reichen.

Aber ich war auch meinem gnädigen Gott begegnet, der mir gerne vergab und mich freisetzte, ein Teil seines wunderbaren Wirkens zu sein. Er rettete viele Menschen an diesem Abend.

Mitte der achtziger Jahre entstand auch die Kinder- und Teenager-Arbeit der FCJG. Das war etwas völlig Neues und kam ganz überraschend. Bis dahin hatte ich überhaupt noch keinen Gedanken an die nächsten Generationen verschwendet.

Eines Morgens, ich hatte gerade eine richtig gute Zeit mit dem Herrn, schwirrten mir immer wieder die beiden Begriffe „Kinder“ und „Teenager“ durch den Kopf. Ich verscheuchte erst einmal die unbequemen Gedanken, wie so oft, wenn Gott redete. Aber wie so oft, wenn Gott redete, hörte er nicht auf zu reden, bis ich endlich zuhörte. Fast aus Verzweiflung und um meinen Kopf frei zu kriegen, machte ich einen Kompromiss und sagte: „Herr, wenn du es wirklich bist, dann brauche ich eine 200-prozentige Bibelstelle als Bestätigung.“ Und dann machte ich etwas, was ich noch nie getan hatte und auch niemandem unbedingt empfehlen würde. Ich kniff meine Augen fest zusammen, blätterte blind durch meine Bibel, streckte meinen Finger aus und stach wahllos zu. Als ich die Augen öffnete, fielen sie mir fast aus dem Kopf. Mehr Bestätigung konnte es nicht geben.

> „Und sie brachten Kinder zu ihm, damit er sie anrühre. Die Jünger aber fuhren sie an. Als es aber Jesus sah, wurde er unwillig und sprach zu ihnen: Lasst die Kinder zu mir kommen und wehret ihnen nicht; denn solchen gehört das Reich Gottes. Wahrlich, ich sage euch, wer das Reich Gottes nicht empfängt wie ein Kind, der wird nicht hineinkommen. Und er herzte sie und legte die Hände auf sie und segnete sie" (Markus 10,13-16).

Noch am selben Tag sprach ich mit einigen Mitarbeitern, und sie erzählten mir, sie hätten sehr lange und intensiv für eine Kinder- und Teenager-Arbeit gebetet, aber schließlich hätten sie es aufgegeben. „Aufgeben" ist ein Wort, das ich überhaupt nicht mag. So beteten wir und unterhielten uns anschließend darüber, was wir eigentlich sehen wollten.

Wir waren uns einig: Es sollte keine der üblichen Arbeiten werden, sondern die Kinder und Jugendlichen sollten gerettet und geisterfüllt werden und missionarisch unterwegs sein. So etwas gab es im Land, so weit uns bekannt war, noch nicht. Kinder und Teenager wurden in den Gemeinden weitgehend verwahrt, aber nicht wirklich geistlich herausgefordert.

Ich liebe die Spritzigkeit und Unkompliziertheit, die einfach zur Jugend gehört. Nichts scheint unmöglich und unveränderbar.

Mit manchmal schon an Dreistigkeit grenzender Offenheit werden Dinge angegangen und möglich gemacht. Alles ist denkbar. Je größer die Herausforderung, desto größer ihr Einsatz. Es ist so leicht, sie zu Jesus und in die Fülle des Geistes zu führen. Sie sind nur allzu bereit, ihren Glauben auch draußen auf den Straßen zu bezeugen.

Der Dienst begann mit großer Begeisterung und gutem geistlichen Getöse. Den Erwachsenen blieb der Part vorbehalten, alle Spontaneität in sichere Kanäle zu leiten und gewisse, weite Grenzen zu setzen.

Ein weiteres Haus wurde ruck, zuck als Teenager-Zentrum eingerichtet. Auch hier formierte sich ein Team. Es wollte nicht nur gemeinsam leben, sondern auch ein jederzeit offenes Haus führen, um Jugendlichen eine Anlaufstelle zu bieten.

Unzählige Male wurde ich Zeuge, wie durch junge Menschen das Reich Gottes sichtbar und fühlbar wurde. Einmal ging ein Kids-Team nach Wien. Sie beteten für die Obdachlosen auf der Straße und brachten damit die hart gesottenen Typen reihenweise zum Weinen. So etwas hatten die einfach noch niemals erlebt.

Ein anderes Mal machte ein King's-Kids-Team einen Einsatz in Bonn. Während sie auf dem Marktplatz tanzten und sangen, stellte sich eine verschleierte moslemische Frau neben mich. Die Gegenwart Gottes war sehr stark zu spüren und sie fing an zu weinen. Behutsam sprach ich sie an und erklärte ihr, was da vor ihren Augen ablief. Sie war ganz tief berührt, insbesondere von der reinen Ausstrahlung der Kids, und gab ihr Leben Jesus.

Im Teenager-Zentrum renovierten die Teens eine Disco, die Dekorationen waren ziemlich wild. Ein Auto, welches halb aus der Wand hing, und einige andere Sonderheiten regten zum Bestaunen an. Niemand hätte auf den ersten Blick vermutet, in einem frommen Jugendzentrum zu sein.

90 heiße Tage und viel mehr

Eigentlich hatte ich mein Leben ganz gut im Griff. Natürlich fühlte ich mich bei weitem nicht fertig; dass ich das nicht war, konnte ich jeden Tag im Zusammenleben mit den anderen spüren. Aber gravierende Dinge aus der Vergangenheit oder richtige Charaktermacken, die lagen hinter mir, so dachte ich.

Umso mehr traf es mich, als ich nun mit meiner ungeheilten Beziehung zu Deutschland konfrontiert wurde. Natürlich hatte ich diesen ganzen Bereich schon einmal von Gottes Licht bescheinen lassen, damals, als die tiefe Bußbewegung in der *Jesus-People*-WG ausbrach. Ich hatte Vergebung ausgesprochen und empfangen, mich losgesagt und damit das ganze Thema eigentlich zu den Akten gelegt.

Ich bin ein Kind der Sechziger. Viele meiner Altersgenossen sind ohne Vater aufgewachsen oder mussten mit harten, verbitterten oder gebrochenen Vätern fertig werden. Und denen, die den schrecklichen Krieg irgendwie überlebt hatten, vertraute man nicht unbedingt. Meine Generation lebte mit einer unbändigen Wut im Bauch, unser Erbe war ein Berg von Scham.

Deutschland hatte zwei Weltkriege angezettelt, Millionen Menschen auf den Schlachtfeldern verloren und getötet und Millionen Menschen brutal in Konzentrationslagern zu Tode gequält. Ehrlich gesagt kam der Umstand, ein Deutscher zu sein, für mich immer einem Schuldbekenntnis gleich. Für anderes hätte man sich ja vielleicht noch rechtfertigen können, aber am Geschehenen gab es rein gar nichts, was man hätte rechtfertigen können.

Als Nachkriegskind wurde man mit dieser Hinterlassenschaft an jeder Ecke konfrontiert. Ich war 14 Jahre alt, als ich das erste Mal nach Amsterdam reiste. Meine Freunde stellten das Auto am Bahnhof ab, als ein älterer Mann mit einem Spazierstock wutentbrannt auf uns losstürmte. Er schlug wie wild mit dem Stock auf das Auto ein und schrie hysterisch: „Ihr Nazis, raus aus Holland!“ Fassungslos stand ich da – wie gelähmt.

Immer und überall wurde man auf die eine oder andere Weise an die brutale Vergangenheit erinnert – und sei es nur dadurch, dass ein so genannter normaler Bürger hinter uns langhaarigen Hippies her schrie: „So ein Gesocks wie euch hätte man bei Hitler an die Wand gestellt!“ Viele aus meiner Generation wollten sich abheben von der Masse, was nicht weiter verwunderlich war. Sie wollten sich absolut nicht mit der früheren Generation identifizieren. Bei mir ging das so weit, dass ich im Ausland meine Nationalität leugnete und mich als alles ausgab, nur nicht als Deutscher. Kam es dennoch irgendwie heraus, fühlte ich mich wie ertappt.

Wie bereits erwähnt, hatte ich den Bereich der Vergebung und Aufarbeitung schon Jahre zuvor hinter mir gelassen und keinen Gedanken mehr daran verschwendet. Einmal, kurz nach meiner Bekehrung, traf ich eine Gruppe Christen, die für Deutschland beteten und damit einhergehend Fahnen schwenkten. Ich ordnete sie in die Kategorie „völlig abgedrehte Nationalisten" ein.

Nun stand ich hier bei der Leiterschafts-Konferenz von JmeM in Stuttgart und wurde mit dem alten Kram konfrontiert. Ich kann nicht einmal sagen, ob dieses Thema auch nur ansatzweise in der Lehre gestreift worden war. Trotzdem fand ich mich beim Aufruf vorne wieder.

Es war klar, wenn ich wirklich den Reisedienst ausweiten und mich von Gott gebrauchen lassen wollte, die heilende Botschaft von Jesus im ganzen Land zu verkünden, konnte ich es mir nicht erlauben, in mir auch nur einen Funken von Verletzung weiter glühen zu lassen. Wie sollte ich schließlich den Menschen Liebe und Vergebung predigen, wenn ich gleichzeitig mit innerer Distanz auf der Bühne stand? Jetzt wollte Gott mich heilen und mir Liebe geben, wo nicht einmal mehr Hass in mir war, sondern einfach nur totale Gleichgültigkeit. Das war der eigentliche Grund, warum Gott an diesem Punkt so tief ging. Ich musste fähig sein, mit glühendem Eifer und ohne irgendwelche Vorbehalte im Gebet für mein Vaterland Deutschland eintreten zu können. Ich musste und sollte es lieben. Vor der Bühne bat ich Gott, meine Beziehung zu Deutschland und seiner Vergangenheit zu heilen und mich dazu zu gebrauchen, diesem Land Heilung zu bringen und es zu segnen. Ich will lieben, was und wen Gott liebt, und er liebt Deutschland und die Deutschen, genauso wie er die ganze Welt und alle Weltenbürger liebt.

Nicht, dass mich hier jemand falsch versteht. Natürlich war und bleibt es eine Schande in der Geschichte unseres Volkes: Was vor und unter den Nationalsozialisten in Deutschland und den anderen Nationen geschehen ist, ist nicht zu entschuldigen.

Was wir den Juden, dem Augapfel Gottes, angetan haben, den Sinti und Roma, Behinderten, Homosexuellen und den vielen Ungenannten, wird für immer ein unauslöschbarer Schandfleck bleiben und darf niemals in Vergessenheit geraten. Und ich lehne den wieder auflebenden Neo-Faschismus so wie jede Form von diskriminierendem Extremismus aufs Schärfste ab.

JmeM war damals in Deutschland sehr aktiv und tat dem Land und dem Leib Christi unermesslich gute Dienste. Sie griffen viele wichtige Themen wie die Vaterschaft Gottes, Jüngerschaft und Anbetung auf. Ihre Leiterschaftskonferenzen waren Augen öffnend und beeinflussten mein Leben nachhaltig. Und sie halfen mir, mit anderen Leitern aus dem In- und Ausland gute Beziehungen aufzubauen. Zudem waren die Teams von JmeM, genau wie die Mitarbeiter der FCJG, auf den Straßen zu finden. Oft gestalteten wir die Einsätze gemeinsam, und der Kreativität schien dabei keine Grenze gesetzt zu sein.

Eines Tages lud JmeM mich ein, sie bei einem evangelistischen Jugendcamp in Frankfurt zu unterstützen. Die meist jungen Leute hatten sich im Vorfeld getroffen und im Gebet die Idee bekommen, einen Sarg zu bauen. Was sie damit anfangen sollten, wussten sie nicht. Aber ich wusste es. Kurzerhand wurde noch die Filmmusik vom Western „Spiel mir das Lied vom Tod" dazu gekauft – und dann legte ich mich in die Kiste.

In einer Prozession trug man mich auf die Zeil, Frankfurts Haupteinkaufsmeile, begleitet von besagter Musik.

Während ich im Sarg lag, wurde es mir echt schummerig, nicht, weil mir die Situation unheimlich gewesen wäre, sondern weil die Erbauer vergessen hatten, Luftlöcher in den Deckel zu bohren und die Luft somit immer dünner wurde.

Endlich stellte man den Sarg ab. Heilfroh, den Deckel öffnen zu können, sprang ich raus und … starrte in Hunderte versteinerter Gesichter. Neugierige Zuschauer umringten die skurrile Szene, und ich konnte förmlich die Fragezeichen auf ihrer Stirne sehen. Wenigstens hatte sich mein atemloser Auftritt gelohnt, das ganze Spektakel zeigte die erhoffte Wirkung.

Ich nahm das Mikrofon und fragte einige Passanten, ob sie mal probeliegen wollten, aber fast alle wichen furchtsam zurück. Zielstrebig legte ich los mit meiner Botschaft, nur um bereits nach kurzer Zeit von einem Riesen von Mann lautstark unterbrochen zu werden. „Das ist doch alles Quatsch", mischte er sich ein, „es gibt doch keinen Gott, geht nach Hause." Ich versuchte ihn zu ignorieren und weiter zu predigen, aber er ließ einfach nicht locker. Also gab ich klein bei, ging auf ihn zu und versuchte mit ihm zu reden, er gab mir aber keine Gelegenheit dazu.

Völlig überzogen machte er Gott und mich verantwortlich für alle Kriege und Missstände, die es je auf dieser Welt gegeben hatte und noch geben würde. Ich wartete seelenruhig auf meine Chance. Seine kleine Tochter, die er an der Hand hielt, fühlte sich mit ihrem tobenden Daddy gar nicht wohl. Schließlich kam der Augenblick, wo er sein Pulver verschossen hatte. Anstatt mit ihm zu diskutieren, fragte ich ihn einfach, ob ich mit ihm beten dürfe. Er lachte und erwiderte bestimmt: „Ich bete nicht." Worauf ich ihm versicherte, er müsse das auch nicht tun, aber ich würde gerne für ihn beten.

Mittlerweile hatte sich eine beträchtliche Menschentraube um uns herum gesammelt, und es wurde zunehmend peinlich für den Mann. Dann mischte sich seine kleine Tochter auch noch ein und verkündete voller Überzeugung: „Papa, den lieben Gott gibt's wirklich. Mama betet jeden Abend mit mir." Geschlagen kapitulierte er vor so viel gläubiger Zuversicht, und ich durfte für ihn beten.

Anschließend legte ich ihm den Arm um die Schulter, und der riesige Klotz fühlte sich auf einmal butterweich an. Die Atmosphäre und seine Stimmung hatten sich total verändert. Aggression hatte sich in Friedfertigkeit gewandelt. Ausstaffiert mit guter Literatur über Gott machte er sich auf den Heimweg, sein zufrieden vor sich hin plapperndes Töchterchen an der Hand.

Es gibt nichts Schöneres und Befriedigenderes, als das Evangelium an die Hecken und Zäune dieser Welt zu bringen, wenn jemand, der keine Ahnung von Gottes Liebe hat, ganz ungezwungen und natürlich vor sich hin kämpft und argumentiert und dabei mit unfrommem Vokabular versucht die komplizierten Weltzusammenhänge zu erklären, um dann letztendlich im Gebet durch Gottes Gegenwart mundtot gemacht zu werden. Wie oft habe ich das schon erlebt! Wenn der Heilige Geist wirkt, dann werden brüllende Stiere zu sanftmütigen Lämmern. Ich bin überzeugt davon, es waren gerade diese Situationen, die Jesus ganz besonders geliebt hat. Irgendwie ist dann der Mensch ganz nah.

Der Sarg begleitete mich übrigens durch einige Städte Deutschlands, allerdings mit Luftlöchern im Deckel. Die Szenerien wurden mehr und mehr ausgeschmückt und glichen bald halben Dramen. Meistens sprang ich aus der Kiste, manchmal lösten mich andere Mitarbeiter ab. Auch die Lüdenscheider Bevölkerung kam in den Genuss solcher Darbietungen, einschließlich Todesanzeige in der Zeitung, schwarzer Anzüge, Beerdigungsmusik, Beerdigungspredigt und mit Spinnweben behängter sprechender Scheintoter.

Nahezu jeden Samstag traf man FCJGler auf dem Lüdenscheider Sternplatz an. Mal im kleineren Rahmen, mit wenigen, mal groß, mit Hunderten Teilnehmern, Musik, Pantomime, Tanz und allem Möglichen und Unmöglichen an Kreativität. Immer wurde das Evangelium gepredigt, Zeugnis gegeben von Leuten mit unterschiedlichen Hintergründen und für Passanten gebetet. Am spannendsten wurde es immer, wenn die Zeit für den öffentlichen Aufruf zur Bekehrung kam.

Bei einem dieser Aufrufe kam ein junger Mann nach vorne gerannt, den ich wegen seines Äußeren als Stadt-Indianer einordnete. Er sprach mit mir das Übergabegebet, genau wie etliche andere auch. Anschließend fragte ich ihn interessiert, ob er denn auch verstanden habe, worüber ich gepredigt hatte. Etwas verdattert dreinblickend meinte er, er sei gerade erst gekommen. Eigentlich sei er in der Stadt unterwegs, um ein Fahrrad zu kaufen, und suche seinen Freund, der ihn begleiten wollte. Als er die Einladung zur Bekehrung gehört habe, habe er ganz spontan darauf reagiert.

Sein Name ist Andreas. Mittlerweile ist er verheiratet, hat ganz tolle Kinder und lebt in Manila, der Hauptstadt der Philippinen. Er leitet dort die Reha-Arbeit und hat durch seine Hingabe an Jesus schon etliche hoffnungslos verwahrloste Drogenabhängige wortwörtlich aus dem Schlamm und Dreck dieser Welt gezogen.

An einem Sonntag ging ich mit meiner Frau ins City-Center, das Einkaufszentrum von Lüdenscheid. Vor uns liefen einige Ausländer. Sie versuchten ein ziemlich desillusioniert aussehendes Teenagermädchen zur Prostitution zu überreden. Wir konnten dem Gespräch entnehmen, dass sie dieser Betätigung wohl schon des Öfteren nachgegangen war und es nur noch um den Preis ging.

Irene und ich waren so richtig geschockt. Plötzlich höchst sensibilisiert und alarmiert, sahen wir uns bewusst um und stellten fest: Es war eindeutig ein düsterer, unfreundlicher und schmutziger Ort. Die Atmosphäre war einfach eklig. Aus einigen Spielhallen hörten wir das Klirren und Klimpern der Automaten, man sah Männer in einen schmuddeligen Pornoladen verschwinden, und in einer Ecke konnten wir den Drogenumschlagplatz ausmachen, mit allen unappetitlichen Nebenerscheinungen.

Ziemlich aufgerüttelt sprach ich am nächsten Tag mit Helmut über unsere Beobachtungen. Er ging umgehend zum Geschäftsführer des Zentrums und erhielt tatsächlich die Erlaubnis, mitten im Geschehen Lobpreis- und Anbetungsmusik spielen zu dürfen, allerdings ohne Verstärkeranlage, nur mit Gitarre.

Übrigens entpuppte sich Helmut in dieser bewegten Zeit als der Mann, der irgendwie alle Türen öffnen und die unmöglichsten Dinge möglich machen konnte. Ohne seinen Einsatz und seine Unerschrockenheit wären wahrscheinlich viele Ideen nicht umgesetzt worden und unermesslich viel Frucht für das Reich Gottes hätte nicht geerntet werden können.

Was wir dann taten, war für manche schwer verständlich, lag aber genau auf der Wellenlänge der Gemeinschaft. Wir stellten uns mitten in das geschäftige Treiben und beteten an, keine Predigten, keine Zeugnisse, keine Aufrufe, keine Krea-Stückchen. Einfach die gesungene Proklamation: Das Licht ist stärker als die Finsternis und Jesus herrscht immer noch über das Chaos. Dabei empfanden wir manchmal die Herrlichkeit Gottes so stark, dass keiner in den Wiedenhof zurückgehen wollte. Zu anderen Zeiten war es ganz schlicht und einfach nüchterner Gehorsam, der uns ausharren ließ. Die Teams wurden sogar angespuckt, angepöbelt und geradezu verspottet, was nur noch mehr zu Lobpreiseinsätzen anspornte.

Sechs Wochen vor Weihnachten bot der Manager an, eine Bühne aufzustellen, auf der dann Weihnachtsprogramm dargeboten werden durfte. Und wer hat mehr zu Weihnachten zu sagen als wir Christen? Jede Menge gab es zu dem Thema zu sagen, zu spielen und zu singen. Und es blieb immer genug Raum, Menschen auf jede nur erdenkliche Weise zu dienen.

Als das neue Jahr begann, kam der Manager mit einem weiteren Angebot: ein Ladenlokal, volle sechs Wochen lang kostenlos und zur freien Verfügung! Über Nacht wurde das Café „Starlight" aus dem Boden gestampft. Geöffnet war es jeden Nachmittag. Neben Kaffee, Keksen und Gesprächen gab es noch nette Bedienung, Gottesdienste und Gebete.

Das nächste Gespräch mit dem Manager setzte dann dem Ganzen die Krone auf. Er eröffnete uns freudestrahlend, das alte schäbige City-Center würde abgerissen und dafür ein schönes, helles und freundliches gebaut, ohne Prostitution, Spielhallen, Pornoladen und Drogenhandel. Das war natürlich nicht zu überbieten. Dafür hatten alle gebetet. Die Stadt würde sich zum Besseren verändern.

Ein großer Zaun sicherte die Abbruch-Baustelle, den die Lüdenscheider Bürger mit eigenen gemalten Kreationen verschönern sollten. Dem Gewinner winkte eine Siegesprämie von 300 DM. Das Gemälde, welches den 1. Preis erhielt, trug den Titel: „Lass dich versöhnen mit Gott". Michael Willfort, ein Mitarbeiter aus dem Wiedenhof, hatte es gemalt. Ist das nicht wieder typisch Gott? Während der ganzen Zeit der Bauarbeiten war das Bild für alle Bürger Lüdenscheids gut sichtbar. Heute steht ein sehr schönes Einkaufszentrum mit dem Namen „Stern-Center" an dem ehemals dunklen Ort.

Es fällt mir schwer, die Stimmung dieser Zeit mit Worten zu beschreiben. Jeder Tag war für eine Überraschung gut. Man war irgendwie immer in Erwartung und es geschah auch prompt immer irgendetwas. Hier eine spektakuläre Bekehrung, da eine Heilung, rechts ein frischer Brennpunkt, den es im Gebet zu bearbeiten galt, links ein lang ersehnter Sieg, oben ein neuer Reha-Gast, unten jemand, der abbrach, zwischendrin Neugründungen von WGs und so fort und fort und fort … Alles recht turbulent und spontan, aber alles mindestens genauso spannend.

Eine Secondhandboutique namens „Déja vu“ war entstanden, in der hauptsächlich gebrauchte Klamotten und selbst geschneiderte Kleidung verkauft wurden. Die Verkäuferin sah den Laden als die ideale Plattform an, ihren Glauben mit möglichst vielen zu teilen.

Das „Brockenhaus“, in dem Gebrauchtmöbel, antiquarische Gegenstände und in der Möbelwerkstatt restauriertes Inventar verkauft wurden, war in ein kleines, uraltes, verschrobenes Haus umgezogen, welches den Namen zu Recht trug und nicht besser hätte beschrieben werden können.

Der jährlich einmal zur Weihnachtszeit im Wiedenhofsaal stattfindende Flohmarkt war in der Stadt bereits legendär und sorgte regelmäßig für Warteschlangen und Schnäppchen-Gerangel.

Alle drei Arbeitsbereiche gehörten zur Arbeitstherapie im Wiedenhof.

Die Doppelbelastung, mit der ich seit einigen Jahren lebte, machte mir manchmal schwer zu schaffen. Auf der einen Seite der Wiedenhof, ein immens intensives und Kräfte zehrendes Alltagsgeschäft mit festgelegten Zeitabläufen, auf der anderen Seite die Einladungen aus dem ganzen Land und die vielen Evangelisationsunternehmungen in der Stadt, in die ich voll integriert war. Das hieß ganz praktisch: Alle Wochenenden waren belegt. Ich kam oft erst Montag nachts von den Reisen zurück und musste morgens um sieben Uhr wieder frisch am Frühstückstisch sitzen. So langsam ging mir die Luft aus. Irene und ich dachten des Öfteren darüber nach, den Wiedenhof in die Hände von Bernd zu geben, der einfach der ideale Mann für die Arbeit war.

Dazu kam: Der Traum von einer Schule war noch nicht zu Ende geträumt. Fast jeden Tag trudelten Anfragen ein, in denen nach Möglichkeiten der Mitarbeit und Schulung gefragt wurde.

Und so setzte sich die Leitungscrew zusammen und gliederte alles in geordnetere Bahnen. Helmut und Ulrike hatten genug mit der Verantwortung im Missionshaus und -kreis zu tun. Bernd und seine Frau Susanne übernahmen die Leitung im Wiedenhof, ihnen zur Seite standen Nikola und Sylvia, die noch zusätzlich für die Öffentlichkeitsarbeit zuständig waren. Meine Frau und ich wurden mehr für die Gesamtleitung der FCJG und für Land und Stadt freigesetzt und Martin und Gila machten den Schritt raus aus der Reha, rein in die Mitarbeiterschule.

Sie zogen mit ihren drei Kindern, acht Schülern und einer Mitarbeiterin an den Stadtrand von Lüdenscheid in ein schönes, aber viel zu kleines Haus. Zugegeben, ein winziger Start, aber dafür waren die Schüler riesig motiviert. Fast jeder von ihnen ist heute ein Eckpfeiler in einem der nationalen und internationalen Dienste der FCJG, und alle sind gute Freunde.

Erstaunlich hochkarätige Gastlehrer fanden ihren Weg in die neue Mini-Schule. Einer von ihnen war David DuPlessis, Highlight des Jahres. Aber zweifelsohne war nicht die Lehre das Charakteristische, sondern das gemeinsame Leben und Arbeiten sowie die praktischen evangelistischen Einsätze. Das Konzept kam so gut an, dass bereits etliche Neuanmeldungen für das nächste Jahr auf dem Schreibtisch lagen, als die erste Schule noch voll im Gange war. Expandieren war angesagt, nur wohin? Es passte, bei allem guten Willen, keine weitere Person mehr ins Haus.

Wie Gott es so wollte, wurde ich für ein Wochenende zur Bibelschule von „Christ for the Nations" nach Wolfenbüttel (heute in Bad Gandersheim) zum Predigen eingeladen. Am Sonntagmorgen hatte ich auf einmal in der Anbetung ein Bild vor Augen. Ich sah den Berg Wislade, mit den Gebäuden und allem anderen drum herum. Er wurde förmlich von jungen Leuten belagert. Dann kam eine riesige Weltkarte vom Himmel. Die Jugendlichen formierten sich zu kleinen Teams, machten sich auf und verschwanden in der Karte, schwerpunktmäßig in Asien, besonders Rot-China. Einzelne Teams gingen in andere Kontinente und Länder.

Ich war wieder einmal völlig „abgelöscht". Mit der Wislade wollte ich absolut nichts mehr zu tun haben. Sie erinnerte mich an Krach, Verletzungen und Enttäuschungen. Sie gehörte in eine Ecke meines Lebens, mit der ich abgeschlossen hatte.

Ich ruderte so vor mich hin, um meinen Kopf für die Anbetung und das Geschehen um mich herum frei zu bekommen, als laut eine Stimme mit deutlichem amerikanischen Akzent zu hören war: „Mein Sohn, was du siehst, empfange es im Glauben, es gehört dir. Fürchte dich nicht." Fragend öffnete ich die Augen und sah Bob Humburg, den Leiter von Wolfenbüttel, auf der Bühne stehen. Sein Zeigefinger war geradewegs auf mich gerichtet und traf direkt ins Ziel, mein Herz. Mir war sofort klar: Ich war gemeint. Gott hatte geredet! Bildlich gesprochen stand ich innerlich schleunigst stramm, schlug die Hacken zusammen, salutierte und meldete: *„Yes, Lord, I take it."*

Nach der Entscheidung fühlte ich mich zwar besser, aber in mir stieg ein regelrecht mulmiges Gefühl auf, wenn ich an Irene und die anderen Mitarbeiter dachte. Wie würden sie reagieren, wenn ich mit der Wislade um die Ecke kam, nach so vielen Jahren?

Um erst einmal mit mir selbst ins Reine zu kommen, fuhr ich bei der nächsten Gelegenheit alleine auf den Berg. Ich war kaum aus dem Wagen gestiegen, da liefen mir auch schon die Tränen über das Gesicht. Gleichzeitig fühlte ich mich, als wenn ich nach Hause gekommen wäre. Seit dem Eklat hatte ich um alles einen riesigen Bogen gemacht, was mit der Wislade zu tun hatte, und nun stand ich hier mit dem unumstößlichen Wissen in meinem Herzen: Ich war am richtigen Platz.

Natürlich kamen mir sofort die riesigen Summen in den Sinn, die der Kauf des 60.000 qm großen Komplexes verschlingen würde. Aber ich war so berührt von der Gegenwart Gottes, mir erschien plötzlich alles möglich. So legte ich Gott im Gebet meine Strategie vor: Als Erstes müssten Irene und die verantwortlichen Mitarbeiter eine einheitliche Entscheidung für den Kauf treffen, und als Zweites sollten die beratenden Geschwister in Stadt und Land das Projekt ebenfalls bejahen. Wäre nur eine maßgebliche Person unsicher oder hätte ein Nein, würde ich das Ganze wieder zu den Akten legen. Das Projekt sollte nicht noch einmal durch den gleichen Fehler scheitern und die Gemeinschaft nicht noch einmal gespalten und verletzt werden.

Eine spannende Zeit folgte. Alles traf genau so ein, wie ich erhofft hatte. Irene und die Leiter der FCJG stimmten in großer Einmütigkeit dem Kauf zu, obwohl jeder wusste, dass wir alle uns auf sehr tiefes Wasser begaben und dass der Untergang im Bereich des Möglichen lag. Die externen Berater, die meisten kamen aus dem „Kreis von Verantwortlichen", gaben grünes Licht und halfen eine solide Finanzierung auszutüfteln. Auch die Verhandlungen mit dem Eigentümer verliefen günstiger als zunächst angenommen. Binnen kurzer Zeit kam über die Hälfte des Kaufpreises durch Spenden zusammen, der Rest wurde vorfinanziert. Alles in allem dauerte es „nur" fünf Jahre, bis das Darlehen getilgt war und die Wislade vollständig in den Besitz der FCJG überging.

Bereits wenige Monate nach dem Erlebnis in Wolfenbüttel zogen Martin und Familie und die erste Crew in die verwohnten und maroden Gebäude ein. Die nötigsten Renovierungsarbeiten und Reinigungsattacken konnten gerade noch abgeschlossen werden, bevor die zweite Schule für Evangelisation und Weltmission startete und die neuen Schüler vor der Tür standen.

> „Ihr werdet die Kraft des Heiligen Geistes empfangen, der auf euch kommen wird, und werdet meine Zeugen sein in Jerusalem und in ganz Judäa und Samarien und bis an das Ende der Erde" (Apostelgeschichte 1,8).

Das war das große Ziel. Von Lüdenscheid aus sollte die Welt mit dem Evangelium erobert werden.

Wenn ich ganz ehrlich war, wusste ich, dass irgendwo ganz tief in meinem Inneren etwas nicht stimmte. Ich konnte nur nicht den Finger drauf legen. Vor lauter Betriebsamkeit blieb mir auch nicht groß die Zeit nachzuforschen oder gar darüber nachzugrübeln. Ich brauchte mir nur meinen Kalender anzusehen und schon schwirrte mir förmlich der Kopf.

Die zweite Schule lief auf vollen Touren, die Wislade war eingeweiht worden, und den zehnjährigen Geburtstag der FCJG hatten wir mit Freunden aus dem In- und Ausland im Hinterhof des Wiedenhofs dick gefeiert.

Gleichzeitig war der Startschuss für die ersten „90 heißen Tage" gefallen. Unter diesem Motto organisierte Helmut mit Team dreimonatige Evangelisationsschulungen mit Lehre am Morgen, Straßeneinsätzen am Nachmittag und unterschiedlichen Programmen am Abend. Hunderte, meist junge Leute, bevölkerten Lüdenscheid und mischten die Stadt auf. Zudem waren mehrere Einsätze im In- und Ausland, auch in Asien, in Planung.

Man könnte meinen, ich hätte voll zufrieden sein können. War ich aber nicht! Irgendetwas stimmte nicht. Und dann dämmerte es mir. Es fehlte die Kraft! Bei all dem Tollen, das passierte, hätte ich gerne noch viel mehr gesehen. Und zwar die Dinge, die ich nicht organisieren konnte, die aber jedem Jünger versprochen sind.

> „Die Zeichen aber, die folgen werden denen, die da glauben, sind diese: in meinem Namen werden sie böse Geister austreiben, in neuen Zungen reden, Schlangen mit den Händen hochheben, und wenn sie etwas Tödliches trinken, wird's ihnen nicht schaden; auf Kranke werden sie die Hände legen, so wird's besser mit ihnen werden" (Markus 16,17-18).

Martin Luther hat mal gesagt: „Wenn du viel Arbeit hast, musst du doppelt so viel beten." In der Theorie war mir das schon klar und erschien es mir logisch. Wenn man mit Gott im Einklang lebt, ist man gesegnet, und mit Segen geht alles unkomplizierter und damit schneller.

So stand ich also früher auf, um Gottes Angesicht zu suchen. Das fiel mir wirklich nicht leicht. Nach der Hetze des Tages sackte ich abends immer todmüde ins Bett. Aber ich wollte mehr von der Gegenwart Gottes in meinem Leben und so kroch ich jetzt auch morgens todmüde aus den Federn. Ich hatte einfach Hunger nach mehr. Doch es rührte sich nichts. Resultat: Ich stand noch früher auf. Gott musste doch irgendwann, irgendwie zu finden sein. Aber scheinbar herrschte absolute Funkstille zwischen uns. Und ich stand noch früher auf.

Ich praktizierte alle möglichen Formen des Gebets. Nahm meine Gitarre und betete an, proklamierte laut das Wort Gottes, las Gebetslisten runter, betete und sang in Zungen, segnete alle, die mir einfielen, bat um seine übernatürlichen Kraftwirkungen und, und, und ... Aber es rührte sich nichts. Ermutigend war es nicht, dieses Gefühl, dass meine Bemühungen alle unter der Decke hängen blieben. Aber, wie schon einmal erwähnt, das Wort „aufgeben" hatte ich aus meinem Sprachschatz gestrichen, und so zog ich voll durch und wurde immer müder und müder. Kein Wunder, denn mir fehlte ja der Schlaf.

Dann, eines schönen Morgens in aller Herrgottsfrühe – ich spulte gerade mein Stille-Zeit-Programm ab – hörte ich die ganz leise Stimme des Heiligen Geistes in mir, die fragte: „Was machst du da?" Etwas verblüfft über die Frage erwiderte ich: „Ja, weißt du das denn nicht? Ich suche dich. Ich suche deine Gegenwart für einen geistlichen Durchbruch in meinem Dienst und in der Arbeit."

Und dann fing Gott an in meinem Herzen über seine Beziehung zu mir zu reden: „Schau, ich liebe dich um deiner selbst willen. Nichts, was du tust oder nicht tust, kann daran etwas ändern. Ob du viel arbeitest für mein Reich oder fromme Rituale zelebrierst, ich kann dich nicht mehr lieben, als ich es schon tue. Und genau danach sehne ich mich auch, du sollst mich um meiner selbst willen lieben und suchen."

Ich merkte, ich hatte keine oder wenig Ahnung, wovon Gott hier sprach. Mein erster Gedanke war, ehrlich gesagt: „Klasse, dann kann ich ab morgen wieder länger schlafen." Aber die Antwort nahm mir gleich wieder den Wind aus den Segeln: „Ich schätze es sehr, dass du dir viel Zeit für mich nimmst. Aber lass mich die Zeit füllen. Komm einfach in meine Gegenwart und hör auf, dein Programm runterzurasseln." Wie das gehen sollte, davon hatte ich noch weniger Ahnung.

Am nächsten Morgen stand ich genauso früh auf wie die Wochen vorher auch. Ich war todmüde, wie immer, aber in mir prickelte eine neugierige Vorfreude. Ich setzte mich in den Schreibtischsessel, wurde ganz ruhig und sagte: „Herr, hier bin ich." Dann wartete ich und wartete und wartete und schlief prompt ein. Und zwar ganz tief und fest. Erst nach zwei oder drei Stunden wachte ich wieder auf. Ich wusste überhaupt nicht, wie ich mein schlechtes Gewissen beruhigen konnte, ich war so enttäuscht über mich selber. Außer einem zaghaften: „Sorry, Gott, ich habe dich verpasst" brachte ich nichts über die Lippen. Seine Antwort kam sofort: „Den Meinen gebe ich es im Schlaf" (siehe Psalm 127,2).

Und in der Tat, ich fühlte mich ganz gut. Irgendwie erholt, und das Leistungsjoch lastete nicht mehr so schwer auf meinen Schultern: so und so lange beten, das ergibt die und die Resultate. Wie oft wird Gott wie ein Automat behandelt! Oben werfe ich mein Gebet rein und unten ziehe ich meine gewünschte Gebetserhörung raus. Er will die Beziehung zu seinen Kindern und sie durch seine Augen leiten (Psalm 32,8) – und zwar 24 Stunden am Tag und nicht in speziell eingerichteten Sprechstunden. Die mögen manchmal sehr wichtig sein, ein Vater hat auch Extrazeiten mit seinem Kind, aber sie sind nicht die Regel. Er will mit uns im alltäglichen Leben kommunizieren.

Mit dieser Lektion fing ein neuer Lernprozess für mich an, in dem ich heute noch stehe und voraussichtlich mein ganzes Leben hier auf Erden stehen werde.

Vom Westen bis zum Osten

Als meine Frau und ich das erste Mal in die Vereinigten Staaten reisten, ging für mich ein Kindheitstraum in Erfüllung: der wilde Westen, die Heimat von Winnetou und Coca Cola, von Jimmy Hendrix, der Corvette und der *Jesus-People*-Bewegung.

Es sollte so eine Art zweimonatige Studienreise werden. Eine Herausforderung der besonderen Art, in finanzieller und sprachlicher Hinsicht. Die Reise an sich tat sich vor mir auf wie ein Berg, den es zu besteigen galt. Wir waren beide noch nie geflogen und hatten somit keinen Schimmer von den Prozeduren im Flughafen. Mir zitterten schon Wochen vorm Abflug die Knie, denn wir mussten in Atlanta umsteigen und von dem Airport dort hatte ich nur wahre Horrorgeschichten gehört.

Als es dann endlich losging, vom Amsterdamer Flughafen Schiphol über Atlanta nach Dallas, stand ich dann auch wie ein Ochse vor einem riesigen Berg, völlig ratlos angesichts der vielen Schalter. Plötzlich tippte mir jemand auf die Schulter. Eine ehemalige Rehabilitandin aus dem Wiedenhof stand breit grinsend vor mir. Sie war auf dem Weg zur „Universität der Nationen“ von JmeM in Kailua Kona, Hawaii. Und sie sprach fließend Englisch und hatte Flugerfahrung.

Ihre Hilfe beim Einchecken kam mir gerade recht. Über mein Stöhnen lachte sie nur und meinte: „Du wirst noch einmal Flughäfen wie Bahnhöfe benutzen, so viel wirst du unterwegs sein.“ Wie wahr, wie wahr, aber das wusste ich damals natürlich noch nicht.

Im Flieger nach Atlanta schickten Irene und ich einige Stoßgebete zum Himmel mit der dringlichen Bitte um Hilfe, möglichst in Form von einem Deutsch sprechenden Engel. Sie wurden prompt beantwortet. Kaum gelandet, sprach uns eine korpulente Afro-Amerikanerin im besten Deutsch an. Sie half uns bei den Einreiseformalitäten und zeigte uns die U-Bahn, die uns zum richtigen Terminal brachte.

In Dallas angekommen, begrüßte man uns mit dem größten Becher *Coke*, den ich je gesehen hatte. Eigentlich hätte ich das ahnen müssen, schließlich waren wir in Texas, und dort ist bekanntlich alles schöner, größer, weiter, höher …

So tingelten wir in den nächsten zwei Monaten von Dallas über Kalifornien nach Hawaii, besuchten verschiedene Zentren von JmeM und unterschiedliche „In-Kirchen“, die in Deutschland in aller Munde waren. In Los Angeles evangelisierten wir gemeinsam mit JmeM in der Punkszene und in Honolulu besichtigten wir die Anastasis, das Schiff von JmeM. Wir wurden überall sehr gastfreundlich aufgenommen und die Zeit in den USA verging wie im Flug.

Die Reise diente dazu, meinen Horizont zu erweitern. Ich hatte den Sprung über den großen Teich hinter mich gebracht und nun schien der Rest des Globus auch nicht mehr so unerreichbar zu sein. Andere Kulturen zu sehen und zu erleben erweitert die Toleranzgrenzen, das vermeintliche Nonplusultra der eigenen Sicht der Dinge wird aufgeweicht. Und das ist in jedem Fall gut. Allerdings kann es auch ernüchtern.

Wieder in Deutschland gelandet, erlebte ich eine Art Kulturschock mit umgekehrtem Vorzeichen: Die Aggressivität der Autofahrer, die Unfreundlichkeit vieler Deutscher, der unentspannte Umgang miteinander und die Tendenz, immer erst das Negative zu sehen, fielen mir deutlich auf. Der Deutsche sieht immer zuerst den winzigen schwarzen Fleck an der riesigen weißen Wand. Wenn er kein Haar in der Suppe findet, beugt er sich über sie, schüttelt so lange mit dem Kopf, bis ein Haar hineinfällt, und dann hat er endlich was zu kritisieren. Das hat er ja eigentlich schon immer gewusst: Es ist ein Haar in der Suppe! Die atmosphärische Andersartigkeit empfand ich nach dieser Reise als einengend.

Die Voraussage der ehemaligen Rehabilitandin im Flughafen Schiphol sollte sich erfüllen. Airports gehören mittlerweile zu meinem Alltag wie das Autofahren. Auch die Mitstreiter der FCJG wurden nicht nur zu einem regen, sondern auch zu einem reisenden Völkchen. Neben all den Aktivitäten in Stadt und Land kamen mit der Mitarbeiterschule noch die Einsätze in Europa und Übersee dazu.

> „Ihr werdet meine Zeugen sein in Jerusalem und in ganz Judäa und Samarien und bis an das Ende der Erde“ (Apostelgeschichte 1,8).

Das Bibelwort sagt nicht, erst sollen Jerusalem, dann Judäa, dann Samarien und zu guter Letzt auch noch die Enden der Erde, also die Nationen, erreicht werden, sondern es sagt eigentlich: Nehmt das Land ein, wo auch immer ihr seid!

Die erste Missionsreise ging nach Asien. Unter Martins und meiner Leitung hatte sich das 24-köpfige Team schwerpunktmäßig China zum Ziel gesetzt. Danach war die Weiterreise auf die Philippinen geplant, sozusagen als Zuckerguss obendrauf. Keiner von uns hatte auch nur den blassen Schimmer einer Ahnung, was uns erwarten würde.

Und tatsächlich entsprach der Einstieg in Hongkong für mich einem kulturellen Zusammenprall. Diese Stadt überwältigte mich. Sie war völlig „overcrowded“, überfüllt mit Menschen, die alle wie die Ameisen in dem lauten und geschäftigen Treiben der Straßen herumeilten und -drängelten. Und ich mittendrin. Irgendwie fühlte ich mich wie in einem Film; ich war nicht ganz sicher, ob es sich dabei nicht um einen Horrorstreifen handelte. Aber dafür war die Stadt eindeutig zu schön. Ich werde nie vergessen, wie ich abends in der Base von JmeM auf dem Balkon stand, unter mir das Lichtermeer und darüber den Sternenhimmel. Ich meinte mich kneifen zu müssen, denn so viel Schönheit – das war doch eigentlich gar nicht möglich.

Die andere Seite der glänzenden Fassade bekam ich einige Zeit später zu Gesicht. Ich besuchte Jackie Pullinger-To in der Vermauerten Stadt. Man brauchte eine Sondergenehmigung der Polizei, um sie besuchen zu können. Ich stolperte durch enge und schmutzige Gassen voller Unrat, dessen Zusammensetzung ich gar nicht weiter analysieren wollte, über mir ein undurchdringlicher Dschungel von Stromleitungen und Rohren, aus denen es ständig tropfte. Auch das, was da so auf meinem Kopf landete, wollte ich nicht analysieren. Und wieder meinte ich mich kneifen zu müssen. Nur war es diesmal nicht Schönheit, sondern Hässlichkeit, die zu unwirklich erschien.

Jackie lebte schon über zwanzig Jahre in dieser illegalen Stadt in der Stadt, die von Kriminalität, Drogensucht und Prostitution jeglicher Art regiert wurde. In einem winzigen Raum, dem Gebetsraum, hatten sich bereits reichlich Menschen versammelt, etliche von ihnen in erbarmungswürdigem Zustand. Jackie ging durch die Reihen und betete und ich durfte sehen, wie das Licht in den Vorhof der Hölle schien.

Ein Mann mit einer schlimm aussehenden offenen Wunde am Knie wurde geheilt, einfach so. Ich traute meinen Augen kaum. Jackie meinte, anscheinend nicht sonderlich beeindruckt, das wirklich Wunderbare käme erst noch, wenn nämlich diese Menschenwracks einmütig Hände und Stimmen erheben und anbeten würden …

Jackie wurde mir in den folgenden Jahren eine gute Freundin. Die Mitarbeiter der FCJG und ich haben viel von ihr lernen dürfen.

Das große Team teilte sich in drei kleinere auf, und auf unterschiedlichen Reiserouten ging es in drei Städte Rot-Chinas. Irenes und mein Ziel war Shanghai. Das Team, das mit uns ging, wurde durch eine chinesische Übersetzerin ergänzt. Abends bestiegen wir ein Fährschiff, das uns nach stundenlanger Überfahrt nach Kanton brachte. Die Nacht verbrachte ich in einem kleinen Kasten, der sehr eng und viel zu kurz für meine langen Beine war. Einem durchschnittlich gebauten Chinesen hätte er als bequeme Koje gedient.

Ehrlich gesagt, dem Grenzübergang sah ich nicht gerade mit freudiger Erwartung entgegen. Als Deutscher hatte ich schon des Öfteren Erfahrungen an kommunistischen Grenzen sammeln können. Jeder Eintritt in die DDR war als pure Schikane in meiner Erinnerung haften geblieben, inklusive Stacheldraht, Maschinenpistolen, versteinerten Gesichtern und dem ständigen Gefühl im Nacken, irgendetwas falsch zu machen und eigentlich nur lästig zu sein. Umso überraschter war ich, dass der Übergang nach China fast harmonisch ablief. Im Hintergrund konnte ich sogar leise, berieselnde, asiatische Musik ausmachen. Das einzig Beklemmende trug ich bei mir, die Schmuggelware in meiner Reisetasche: Bibeln und Traktate.

Leider musste ich die öffentliche Bahnhofstoilette in Kanton aufsuchen, aber was ich da sah, ließ mich alles vergessen, was ich jemals musste. Die chinesischen Männer hockten alle mit heruntergezogenen Hosen hintereinander über einer langen Rinne und verrichteten ihr Geschäft, dabei lasen sie Zeitung und unterhielten sich über das Weltgeschehen. Keinerlei Trennwände waren zu sehen, jeder starrte dem Vordermann wer weiß wohin, und es stank erbärmlich. Ich drehte auf dem Absatz um und kam halb unter Schock und halb prustend vor Lachen zur Gruppe zurück. Die nächste Viertelstunde verging damit, dass sich jeder dieses Schauspiel einmal ansehen wollte.

Im Zug gab es dann wenigstens eine abgeschlossene WC-Kabine. Dafür war das Essen grausam und undefinierbar. Für 36 Stunden hatten wir im wahrsten Sinne des Wortes „enge Gemeinschaft" mit den anderen Passagieren. Da wir in diesem Fall die Exoten waren, wurde alles, was wir sagten und taten, neugierig beäugt und lachend kommentiert.

Endlich kamen wir in Shanghai an. Die Zivilisation hatte uns wieder. Allerdings sah die sehr blau aus – überall sah man nur die legendären blauen Arbeitsanzüge und Mao-Kappen. Und davon jede Menge. China hatte schon damals über eine Milliarde Einwohner, und Shanghai quoll nur so über von Menschen. „Oh Gott, kennst du wirklich jeden Einzelnen persönlich?“, war meine Frage. Einfach unvorstellbar!

Im Hotel teilte ich mir das Zimmer mit den Männern aus unserem Team, einigen asiatischen Touristen und australischen Haschisch-Freaks. Insgesamt kam so die stolze Zahl von 27 Personen zusammen. Wir waren in China, was wollte man erwarten? Irene hatte Glück, sie wohnte „nur“ mit 16 anderen Frauen in einem Raum.

Voller Freude, mich endlich waschen zu können, erkundigte ich mich nach einer Dusche und hörte, es gebe nur eine Gemeinschaftsdusche und um diese Uhrzeit stehe nur kaltes Wasser zur Verfügung. Egal, ich war auf Missionsreise und da ist jedes Opfer recht. Die Dusche erinnerte mich ein wenig an die in der Turnhalle meiner Grundschule. Ich hatte mich gerade wagemutig unter dem eisigen Strahl eingerichtet, als ein chinesischer Koch aus dem Hotel in Arbeitskleidung hereinkam und dieselbe Dusche für sein kleines Geschäft benutzte. Ich war nahe dran total auszuflippen, da stand schon der nächste Koch auf der Matte mit demselben Anliegen wie sein Kollege. Allmählich fing ich an, die Echtheit des Bildes anzuzweifeln, das ich in Wolfenbüttel gesehen hatte. Waren die jungen Leute, die in der Weltkarte verschwunden waren, wirklich hauptsächlich nach China gegangen?

Die nächtliche Geräuschkulisse in meinem Zimmer war auch nicht ohne. Lautes Schnarchen war noch das Harmloseste. Einer knirschte sehr vernehmlich mit den Zähnen, und die vier australischen Freaks zogen sich unter lautem Gekicher einen Joint nach dem anderen rein. Neben mir sprang plötzlich ein Japaner aus dem Tiefschlaf auf und fing an, in bester Kung-Fu-Manier unter lautem Schreien irgendwelche Karate-Bewegungen zu vollziehen. Genauso plötzlich legte er sich wieder hin und schlief weiter wie ein Bär, so als wäre nichts gewesen.

Zum Frühstück gab es etwas Besonderes: matschigen Reis, drei halbrohe Spiegeleier, gebraten in Altöl, dazu zwei pappige Toastscheiben mit einer grünlichen Flüssigkeit, die Marmelade genannt wurde. Das Ganze trug das Label „Continental Breakfast". In mir zerbrach der letzte Rest an Missionsromantik.

Irene und ich wanderten täglich stundenlang betend durch den Stadtkern von Shanghai, ebenso wie die anderen des Teams, jeweils zu zweit. Jeden Tag regnete es in Strömen, und der Wind, der vom offenen Meer in die Stadt wehte, war eisig kalt. Selbst als ganz normale Mitteleuropäer fielen wir genug auf. Immer wieder blieben Chinesen stehen und begafften uns ungeniert. Sie musterten unsere Kleidung und scheuten sich auch nicht, an den Haaren auf meinen Unterarmen zu ziehen. Blieben wir an einem Schaufenster stehen, drängten sich sofort andere Passanten hinter uns. Sie drückten uns buchstäblich an die Scheibe, nur um zu sehen, was denn so interessant für uns war. Beim Beten mussten wir darauf achten, wo wir hinschauten. Einmal standen Irene und ich vor dem Fernsehturm und beteten für Chinas Medien. Dabei sah ich zur Turmspitze hoch. In null Komma nichts bildete sich eine beachtliche Traube um uns herum, und alle starrten nach oben.

Damals hinkte die an sich weltoffene Stadt Shanghai dem Standard der westlichen Welt noch weit hinterher. Mein amerikanischer Freund versuchte auf der Hauptstraße in einem Fotogeschäft mit seiner Kreditkarte zu bezahlen. Die Angestellten rissen ihm die Karte förmlich aus der Hand und riefen alle Mitarbeiter des Hauses zusammen. Nach lautem Palaver brach die ganze Ansammlung in schallendes Gelächter aus. Keine Frage, für Plastik gab es keine Ware.

Mittags heulte eine Sirene und die Chinesen rannten mit ihrem persönlichen Essgeschirr zu einer Art Volksküche, um dort ihre tägliche Ration Reis abzuholen. Dieses Gefühl, einer unter so vielen zu sein, sich nicht einmal durch die Kleidung von anderen abheben zu können, musste schrecklich sein. Aber in China wird man schon in der Schule dazu erzogen, keine Fragen zu stellen, sondern die Dinge, die man ihm beibringt, auswendig zu lernen und kommentarlos stehen zu lassen.

Mein größter persönlicher Albtraum, nämlich Missionar in China werden müssen, änderte sich durch diese Reise keineswegs. Eigentlich gab es nur eine noch schlimmere Vorstellung für mich, nämlich bei einem Kannibalenstamm in Afrika im großen Kochtopf überm Feuer zu schmoren. Nach ein paar Tagen wusste ich, dass mich nur eins über die Widrigkeiten hinwegtrösten könnte. Ich betete: „Herr, gibt es nicht irgendeine Person unter diesen zwölf Millionen Einwohnern, die ich zu Jesus führen darf?"

Beim Herumstreifen in der Stadt hatte das Team einen so genannten „Friendship-Store" entdeckt, ein Kaufhaus für Westler mit einem kleinen Café, in dem man nur mit speziell für Ausländer gedrucktem Geld bezahlen konnte. Für die chinesische Bevölkerung war der Zutritt streng verboten.

Weil es wieder einmal regnete und stürmte, hockten wir uns eines Tages völlig durchgefroren in das Café und gaben die Bestellung auf. Am Nachbartisch saß eine junge Chinesin. Sie zeigte offen Interesse und so luden wir sie ein, an unseren Tisch zu kommen. Ich dachte erst, sie käme aus Hongkong. Aber sie war eine Studentin aus Shanghai, die irgendwie doch in das Café gelangt war. Es folgte ein Gespräch mit Händen und Füßen und einem Mix aus Englisch, Kantonesisch und Mandarin.

Sie hieß Jeanie und fragte, ob wir sie aus China herausschmuggeln könnten. Die Übersetzerin aus Hongkong warnte davor, es könne sich um eine Spionin handeln. Aber mir war mittlerweile alles egal. Gott will schließlich auch Spione retten. So trafen wir uns in den nächsten Tagen immer wieder mit ihr und gaben uns schließlich als Christen zu erkennen. Um ihr verständlicher zu machen, wovon wir redeten, schenkten wir ihr ein christliches Comic-Heft mit dem Evangelium.

Am Tag darauf kam sie völlig verstört zum Treffpunkt, und sofort platzte es aus ihr heraus: „Warum haben die Menschen diesen guten Mann umgebracht? Als ich das gelesen habe, musste ich nur noch weinen." Dann, ganz plötzlich, als habe man einen Hebel umgelegt, fing sie an zu strahlen und wieder sprudelte es aus ihr heraus: „Aber Jesus ist auferstanden von den Toten. Er lebt. Bitte helft mir, ihn zu finden." Die Übersetzerin aus Hongkong führte sie dann leicht und geradezu „klassisch" zu Jesus.

Wir schenkten ihr eine Bibel und unterrichteten sie täglich in Jüngerschaft. Als sie uns zum Bahnhof brachte, um uns zu verabschieden, war die Trauer groß. Die Übersetzerin fragte mich: „Walter, möchtest du Jeanie noch etwas Wichtiges sagen?" Ich antwortete spontan: „Ja, sie weiß noch nichts von der Taufe im Heiligen Geist." Schnell erzählte ich ihr das Nötigste, und während der Zug anfuhr, betete ich für Jeanie, und die Kraft Gottes fiel auf sie und sie betete im Heiligen Geist. Welch ein Abschluss in Shanghai! Später musste Jeanie in die Untergrundkirche abtauchen. Freunde von mir haben sie dort getroffen. Denn bis zum heutigen Tag werden bekennende Christen in China verfolgt.

Genau wie unser Team hatten auch die anderen zwei Teams ihre eigenen erfreulichen und nicht so erfreulichen Erfahrungen gemacht, und die nächsten gemeinsamen Tage in Hongkong wurden dazu genutzt, Erlebtes aufzuarbeiten. Zweifelsohne war unser Hauptauftrag das Gebet für das Land gewesen. Und es würde nicht bei diesem einen Besuch von Lüdenscheidern in China bleiben, darin waren sich alle einig.

Heute ist es fast unvorstellbar, dass Shanghai einmal so ausgesehen hat. Die rasante Entwicklung der letzten zwanzig Jahre hat vor allen Dingen den Großstädten Chinas ein ganz anderes Gesicht gegeben. Dem alten China kann man gelegentlich noch in weit abgelegenen Provinzen begegnen, wo mancherorts der Fortschritt und die Modernisierung einfach vorbeigegangen zu sein scheinen.

Die Philippinen begrüßten uns mit dem schönsten Wetter. Manila – wieder so eine Mega-Stadt – konnte man nicht mit Hongkong vergleichen. Hochhäuser waren nicht zu sehen, aber dafür jede Menge Slums, die rechts und links die Straßen säumten.

Ein Mitarbeiter von JmeM holte unser Team vom Flughafen ab und brachte uns zu einem sehr einfachen katholischen Hotel in der Nähe des Rotlichtviertels. Der Fahrer mahnte eindringlich, das Hotel im Dunkeln nicht zu verlassen. Es sei zu gefährlich. Am nächsten Tag würde uns ein JmeM-Mitarbeiter eine Einführung geben. Aber gehorsam, wie ich nun mal war, überredete ich Martin, Gila und Irene, sich mit mir auf die Suche nach einer Coca Cola zu machen.

Es war stockfinster in den Straßen, Laternen schien es nicht zu geben. Man musste höllisch aufpassen, wo man hintrat, denn überall klafften tiefe Löcher im Asphalt, und fehlende Kanaldeckel waren die Norm. Dazu lagen überall Stolpersteine im Weg, und man wusste nie, worauf oder wohinein man gerade seinen Fuß setzte. Wir tasteten uns vorsichtig vorwärts, als ich plötzlich über etwas stolperte. Erschrocken blieb ich stehen und versuchte zu erkennen, was mir da im Weg lag. Anfangs dachte ich, es wäre ein Hund, denn es war groß und weich. Aber weit gefehlt. Auf einem Pappdeckel schlief ein halbnackter Mann, neben ihm lag seine Familie. Das ist ihr Zuhause, schoss es mir durch den Kopf. Weder die anderen noch ich waren in der Lage, diese Not so einfach zu übergehen. Auf dem restlichen Weg sprachen wir eigentlich nur noch darüber.

Kaum war dieser Schock einigermaßen verarbeitet, wartete schon der nächste auf uns. Wir hatten einen kleinen Shop entdeckt und gerade die lang ersehnte Cola vor uns stehen, als die Bedienung uns grinsend fragte, ob wir Interesse an einem Mädchen hätten oder an einem schönen Jungen oder auch an beidem. Im ersten Moment schaute jeder von uns ziemlich intelligent drein, bis es uns dämmerte: Der redete von Prostitution. Fluchtartig verließen wir den Laden.

Jetzt wusste ich, was der Fahrer mit „gefährlich“ gemeint hatte: Entweder man wurde von einem Kanalschacht verschluckt oder man stand in Gefahr, auf jemanden zu treten. Als dritte Möglichkeit war da noch: Man wurde in irgendwelche Hinterhöfe abgeschleppt und ausgeraubt. In den nächsten Tagen sollte ich noch eine Fülle anderer Gefahren entdecken, die in dieser Stadt an jeder Ecke lauerten.

Aber ich entdeckte auch die Schönheit und Geborgenheit, die Jesus durch seine Jünger schenken möchte. Die Mitarbeiter von JmeM standen in etlichen Armutsvierteln wie Felsen in der Brandung, wo sie bewundernswerte Dienste der Barmherzigkeit aufgebaut hatten. Hunderte verwahrloster Kinder und abgewirtschafteter Erwachsener hatten in ihren Häusern und Gemeinschaften einen Ort der Obhut und Sicherheit gefunden.

Manila war und ist eine Stadt voller Gegensätze. Auf der einen Seite gibt es bitterste Armut, und auf der anderen Seite unglaublichen Reichtum. Megagroße Shoppingcenter quellen über mit Konsumgütern, von denen ein Armer nicht einmal zu träumen wagt. Die einen nennen riesige Anwesen ihr Zuhause, die anderen wohnen und arbeiten in ihrem Jeepney, einer Art philippinischem Großtaxi. Und diese Leute sind bei weitem nicht die Ärmsten.

Die Ärmsten der Armen fanden wir auf einer öffentlichen Müllkippe, die „Smoky Mountain“ genannt wurde. Rund 150.000 Menschen lebten hier. Sie wohnten in Hütten aus Pappkartons und arbeiteten im Müll. Es stank hundserbärmlich, und der Dreck war ekelerregend. Innerhalb der letzten Tage waren über sechzig Kinder an Masern verstorben, weil es an der simpelsten ärztlichen Betreuung fehlte. Das Wort Hygiene hörte sich angesichts der katastrophalen Verhältnisse wie Spott an. Ein JmeM-Team baute gerade an einer Trinkwasserleitung, für die Müllkippen-Bevölkerung eine tatsächlich lebensspendende Errungenschaft. Bald würden sie das köstliche Nass umsonst an einer Sammelstelle abholen können, statt wie bisher ihr sauer verdientes Geld für Wasserflaschen ausgeben zu müssen.

Immer wieder, so wussten die JmeMer zu berichten, gerieten spielende Kinder unter die Bulldozer und wurden mit dem Müll zermalmt. Und wenn es zweierlei im Überfluss auf der Kippe gab, dann waren das Müll und Kinder. Kaum hatte unser Team das Areal betreten, hingen sie schon an uns, packten unsere Hände oder umringten uns kichernd. Total verdreckte, in Lumpen gehüllte kleine Wesen, die anscheinend trotz aller Hässlichkeiten das Lachen nicht verlernt hatten.

Und dann entdeckte ich sie. Oder hatte sie mich entdeckt? Ein kleines, ungefähr vier Jahre altes Mädchen. Ich sah schon daran, wie sie mich fixierte und angrinste, was kommen würde. Sie hatte offene eitrige Wunden am ganzen Körper, eine Dauerrotznase, und ihr Kopf wimmelte von Läusen. Sie nahm Anlauf, um auf meinen Arm zu springen, und in mir drehte sich alles. Angewidert wollte ich mich abwenden, als der Geist Gottes zu meinem Herzen sprach: „Wenn du dieses Kind nicht lieben kannst und es jetzt ablehnst, lehnst du mich ab, und dann vergiss unsere Beziehung." Im Bruchteil einer Sekunde musste ich mich entscheiden. Entweder ich würde mich verhärten und so meine Beziehung zu Jesus aufs Spiel setzen, oder ich würde mich der Ermahnung stellen und so dem Geist Gottes alle Tore öffnen.

Klar, wofür ich mich entschied, und schon hing mir die Kleine am Hals. Sie drückte und küsste mich auf die Wange und putzte dabei ihre Rotznase an meinem Gesicht ab. Kurz dachte ich an die vielen kleinen Tierchen, die wahrscheinlich gerade dabei waren, von ihrem Kopf auf meinen überzusiedeln. Und als sie zu guter Letzt auch noch den Eiter beim Runterrutschen an meine Hose schmierte, war mir eh schon alles egal. Sie nahm mich an die Hand, lachte und schwatzte, und mir fiel zum ersten Mal auf, wie süß und hübsch sie eigentlich war, unter all dem Dreck. Sie eroberte mein Herz im Sturm. Und ich das ihre, denn wo ich auch hinging, was ich auch tat, sie blieb an meiner Seite und präsentierte mich stolz jedem, dem wir begegneten.

Sie fragte mich nicht nach Titeln, Bildung oder ob ich eine Fremdsprache spreche. Ihr war egal, ob ich Geld oder Kreditkarten besaß, ob ich reich oder arm war. Was sie interessierte, waren meine offenen Arme, meine Liebe, meine Freundlichkeit. Sie wollte einfach nur geliebt werden.

Manchmal werde ich gefragt: „Walter, was denkst du, ist wohl meine Berufung?“ Meist antworte ich ganz einfach: „Menschen lieben.“ „Ja klar, und dann?“ „Noch mehr lieben.“ Die Berufung des Jüngers sieht nicht anders aus als die des Meisters.

Diese Reise hat mein Leben nachhaltig dramatisch verändert. Die Überzeugung von der Notwendigkeit und Dringlichkeit, den ganzen Globus mit dem Evangelium zu erreichen, hatte tiefe Wurzeln in mir geschlagen.

Bis an die Enden der Erde

Ich bin zutiefst davon überzeugt, dass so viele Christen wie nur irgend möglich in die Mission gesandt werden sollten. Wird es nicht wirklich langsam Zeit, den Missionsbefehl Jesu zu vollenden? Manchmal habe ich den Eindruck, die Gemeinde Jesu denkt, sie habe bezüglich der Ausführung eine Wahl. Passt es gerade ins Gemeindegeschehen, öffnet man sich, passt es nicht, lässt man es einfach. Ist das nicht die große Tragik der Kirchengeschichte?

Bis Mitte der achtziger Jahre hatte es ungefähr 700 Pläne zur Erfüllung des Missionsbefehls gegeben. Alle waren ziemlich detailliert ausgetüftelt und strategisch zielgerichtet. Sie sind alle gescheitert. Das Reich Gottes ist nicht planbar und schon gar nicht mit dem Computer zu errechnen und zu multiplizieren. Das Reich Gottes besteht aus Menschen, die es zu gewinnen gilt. Es war schon immer Gottes Anliegen, dieser Welt seine Liebe durch Menschen zu demonstrieren.

Deswegen erwählte er Abraham: „Ich will dich segnen und du sollst ein Segen sein. … Und in dir sollen gesegnet werden alle Geschlechter auf Erden“ (1. Mose 12,2-3).

Dasselbe galt für Isaak und Jakob. Das kleine Volk Israel verschlug es nach Ägypten, wo es Frondienste für den Pharao leisten musste. Geschunden und gefangen hörten sie nicht auf zu schreien: „Gott, hol uns hier raus!“ Nach 400 Jahren erhörte Gott dann ihr Flehen und sandte ihnen den Retter in Gestalt des Mose. Durch die starke Hand Gottes und durch diesen berufenen Leiter erlebte das Volk Israel eine wunderbare Befreiung. Unter den sichtbaren Zeichen von Feuersäule und Wolkensäule zogen sie trockenen Fußes durchs Meer.

Am sicheren Ufer brach ein gewaltiger Jubel unter ihnen aus und Gott war der Größte. Aber anstatt auf direktem Wege in das verheißene Land zu ziehen, was innerhalb weniger Tage möglich gewesen wäre, ruinierten sie eine ganze Generation in der Wüste. Hin und her geworfen zwischen dem verzweifelten „Gott hol uns hier raus“, dem nostalgisch verklärten Blick zurück in die Sklaverei und dem euphorischen Feiern der allgegenwärtigen göttlichen Hilfe, drehten sie in der „Rund-um-mich-selbst-Kampfbahn“ eine Runde nach der anderen und gingen schließlich an geistlichen Kreislaufschwierigkeiten zu Grunde.

Erst die nächste Generation schaffte es, unter der Leitung von Josua, den Jordan zu durchqueren und das verheißene Land zu betreten. Im Nu eroberten sie Jericho, eine für die damaligen Verhältnisse uneinnehmbare Stadt. Aber schon kurze Zeit nach diesem gewaltigen Sieg verfranzte sich der neue Jahrgang in Kompromissen und Egoismus.

Sie verstanden überhaupt nicht, wozu Gott ihre Väter in der Wüste trainiert hatte: den Standard Gottes in allen Bereichen des menschlichen Lebens zeichenhaft vorzuleben. Durch sie sollten die Heiden erkennen, dass sie nichtigen Götzen nachliefen und es nur einen wahren Gott gab. Das war der Plan, aber die Umsetzung sah anders aus. Das Volk Israel isolierte sich von der Umwelt. Die Heiden waren die Bastarde, und sie waren die Auserwählten. Damit erbauten sie unüberwindbare Mauern, die Generation für Generation absonderte.

Dann wurde Salomo König, und unter seiner Regierung blühte Israel auf. Alle Ebenen der Gesellschaft wurden von Gottes Qualität des Lebens erleuchtet. Das Volk Israel war militärisch auf der Höhe, ebenso wirtschaftlich, kulturell und natürlich auch religiös. Salomo baute dem Herrn ein Haus und die Einweihung wurde großartig gefeiert. Dabei war die Gegenwart Gottes so massiv, dass sehr viele Priester zu Boden geworfen wurden und sich nicht mehr rühren konnte. Der ganze Tempel war erfüllt mit der Herrlichkeit Gottes.

Doch was machte das Volk Israel mit all dieser Pracht? Sie versuchten sie zu konservieren und für sich zu behalten. Aber der Herr hatte gesagt: „Mein Haus wird ein Bethaus heißen für alle Völker“ (Jesaja 56,7).

Und dann geschah, was immer geschieht, wenn der Segen Gottes nicht fließen kann und egoistisch für die eigene Selbstsucht missbraucht wird. Israel geriet in die Gefangenschaft. Siebzig Jahre waren sie dazu verurteilt, in Babylon heidnischen Königen zu dienen.

Dann kommt Jesus. Sein Vater liebt diese Welt so sehr, dass er Jesus mit den Menschen teilt. Er lässt ihn auf die Erde ziehen und macht damit einen riesigen Schritt auf die Menschheit zu.

Der Vater isoliert sich nicht, bleibt nicht alleine für sich in der Herrlichkeit, sondern er öffnet die Tür zu seinem Reich und lädt jeden ein einzutreten und mit ihm zu sein.

Jesus zeigt durch sein Leben hier auf Erden, wie wir Menschen eigentlich leben sollen. Geben, teilen, opfern, sich entäußern, gehen, das ist sein Wesen. Er hält sich nicht zurück, weder seine Botschaft noch seine Person. Er gibt sich ganz und ist offen für jedermann. Und er lädt ein, genau wie sein Vater. Durch seinen Tod am Kreuz und durch seine Auferstehung von den Toten treten wir in ein völlig neues Kapitel der Heilsgeschichte ein.

Er sagt: Jetzt seid ihr dran. „Darum gehet hin und machet zu Jüngern alle Völker: Taufet sie auf den Namen des Vaters und des Sohnes und des Heiligen Geistes und lehret sie halten alles, was ich euch befohlen habe“ (Matthäus 28,19).

Nach der Auferstehung bekommen die ersten Jünger noch eine Sonderausrüstung in Form des Heiligen Geistes. Danach bricht die Erweckung in Jerusalem aus. An einem Tag bekehren sich dreitausend Menschen. Ab dann fügt der Herr täglich hinzu. Es entsteht eine Mega-Gemeinde. Ein völlig neuer Lebensstil der Liebe zu Gott und zueinander entsteht.

Aber schon bald taucht das alte Problem auf. Es ist wie ein Virus, der sich im Volk Gottes eingenistet hat. Sie werden zu sehr ein Herz und eine Seele, und vor lauter Seligkeit miteinander vergessen sie die Heiden. Gott muss eine Verfolgung zulassen. Die messianischen Juden werden auseinander gesprengt. Endlich sind sie unterwegs und teilen ihren Glauben mit. Die ersten Heiden werden Christen. So weit, so gut. Könnte man meinen.

Jetzt scheint die Stunde der Heidenchristen gekommen zu sein. Aber auch mit ihnen geht Generation für Generation ins Land, ohne den Missionsbefehl auch nur annähernd zu Ende zu bringen. Auch sie sind ganz schnell in der Rund-um-uns-selbst-Kampfbahn gefangen. Alltäglicher Gemeindeklüngel lässt sie vergessen, dass außerhalb der eigenen Gemeindewände eine Welt ohne Jesus verloren geht. Das Wort „Welt“ ist vielleicht zu abstrakt. Es sind Menschen, die verloren gehen.

Schließlich handelt es sich nicht um irgendein Hobby, sondern darum, den Heilsplan Gottes zu erfüllen.

> „Verstockung ist einem Teil Israels widerfahren, so lange bis die Fülle der Heiden zum Heil gelangt ist.“ Eine andere Übersetzung sagt: „bis die Vollzahl der Heiden eingegangen ist in das Reich. So wird das ganze Israel gerettet werden“ (Römer 11,25b-26).

Gott hat sein Volk, die Juden, niemals verlassen und hat 1948 mit der Gründung des Staates Israel wieder eine neue geistliche Epoche eingeläutet. Vor einiger Zeit fragte ich einmal einen messianisch-jüdischen Pastor: „Wie können wir als Heidenchristen euch am besten dienen?“ Wie aus der Pistole geschossen antwortete er: „Erledigt endlich euren Job.“ Das hatte ich so noch nicht gehört und fragte deshalb nach, was er damit meine. Darauf erklärte er genauso bestimmt: „Vollendet den Weltmissionsbefehl.“

Darum geht es. Es ist doch eigenartig, wie wichtige geistliche Wahrheiten manchmal vernachlässigt oder vergessen werden. Besonders wir als Deutsche sind doch eigentlich sehr gründlich. Wenn wir etwas beginnen, eine Lehre oder den Bau eines Hauses, den Führerscheinerwerb oder ein Studium, tun wir doch alles dafür, um so schnell wie möglich damit fertig zu werden. Wer abbricht oder immer nur anfängt und nichts vollendet, wird als Versager eingestuft.

Wann werden wir uns endlich einen guten geistlichen Ruck geben und unseren Teil dazu tun, den Missionsbefehl weltweit zu vollenden? Das ist meine wirkliche Leidenschaft. Das möchte ich sehen, solange ich noch hier auf diesem Planeten lebe.

In Lüdenscheid nahm die Entwicklung einen rasanten Lauf. Der erste Missionseinsatz war der offizielle Startschuss für den gemeinsamen Aufbruch „bis an die Enden der Erde". Die folgenden Jahre waren vergleichbar mit einem Bienenstock, ein emsiges Hin und Her gehörte zum täglichen Leben. Heute kam ein Team aus Thailand oder China zurück, morgen flog ein anderes nach Russland oder auf die Philippinen. Die ganze Gemeinschaft war involviert, die Teenager genauso wie die Schüler der MAS, Leute aus der Stadtmission genauso wie die Crew aus dem Wiedenhof. Unterstützt wurden die Gruppen von vielen unternehmungslustigen und missionshungrigen Christen aus Deutschland und den angrenzenden Ländern. Während die eine Hälfte der Mannschaft ihre Spuren in Europa und Asien hinterließ, war die andere Hälfte weiterhin äußerst aktiv in der Heimat.

Neben dem alltäglichen Leben in den einzelnen Häusern und der ständigen Evangelisations-Präsenz in der Stadt wurden Teenager-Kongresse, Missionskonferenzen, offene Kaffee-Abende, Hinterhoffeste und Bahnhof-Happenings organisiert. Der weltweite Fackellauf für Jesus wurde aktiv unterstützt und eine FCJG-Gebetswanderung in Form eines Kreuzes quer durch ganz Deutschland aus dem Boden gestampft:

In einer Zeitspanne von mehreren Wochen durchquerten Teams betend das Land. Sie wanderten von der östlichsten an die westlichste Grenze und von der nördlichsten bis an die südlichste. Die

Strecken waren in einzelne Abschnitte von 25 bis 50 Kilometern aufgeteilt und die nächste Gruppe startete jeweils dort, wo die Gruppe vom Vortag geendet hatte. Um das Projekt nicht zu einem Dauerbrenner werden zu lassen, waren meistens mehrere Cliquen gleichzeitig auf den verschiedenen Routen auf der Piste. Ich kann noch heute meine qualmenden Socken und schmerzenden Füße spüren, als ich endlich zusammen mit Irene ins Ziel gekrochen kam. Als wir früh morgens im Dunkeln in Frankfurt gestartet waren, hatte es in Strömen geregnet und war eiskalt gewesen, und als wir nach 30 Kilometern in Darmstadt ankamen, regnete es immer noch, und wärmer war es auch nicht geworden. Dennoch möchte ich nicht eine Sekunde von der Erfahrung missen.

Eigentlich war ich ganz zufrieden mit dem, was so lief. Irene und ich waren zwischenzeitlich aus dem Wiedenhof ausgezogen und auf der Wislade in ein kleines Haus eingezogen. Bernd Mette hatte die Leitung der Rehabilitationsarbeit ganz übernommen und meine Frau und ich waren so für die Gesamtleitung der FCJG freigesetzt worden. Diese war im Aufbruch, hatte sich aus den bequemen Gottesdienst-Stühlen erhoben und bewirkte etwas im eigenen Land und weit darüber hinaus. Dazu hatte auch der Leib Christi Notiz von uns genommen. Die Anfragen bezüglich Mitarbeit häuften sich, die verschiedenen Schulen, die die MAS anbot, waren gut besucht, die Gottesdienste boomten und vor allen Dingen bekehrten sich Samstag für Samstag Menschen. Unter der christlichen Jugend des Landes war die FCJG ein Begriff, und sie hatte einen guten Namen. Ich konnte mich kaum retten vor Einladungen, in Gemeinden und auf Konferenzen zu predigen und auf den Straßen zu evangelisieren.

Irgendwann in dieser Zeit besuchte uns Detmar Scheunemann. Bei einer gemütlichen Tasse Kaffee erzählte er uns von seinem Leben in Indonesien. Gemeinsam mit seiner Frau und seinen Kindern hatte er mehr als dreißig Jahre als Missionar dort gearbeitet und Gottes Wirken im Land hautnah mitbekommen. Fast in einem

Nebensatz, der aber bei mir einschlug wie eine Bombe, meinte er, die Zeit der Sandkastenspiele und Kindereien für die Christen sei endgültig vorbei. Sie sollten endlich den Auftrag Gottes ernst nehmen, es brauche jede Menge zuverlässige und langfristig hingegebene Männer und Frauen in der Weltmission. Menschen, die willig seien, eine andere Sprache zu erlernen sowie sich mit der Kultur und Geschichte des jeweiligen Landes auseinander zu setzen, Christen, die Jahre ihres Lebens in die Mission investierten. Dieser geistliche Vater sprach von einer Dimension der Nachfolge, die mir fremd war. Hier ging es ans Eingemachte.

Damals feierte JmeM gerade mit rund 5000 Teilnehmern aus der ganzen Welt in der dänischen Stadt Randers das 25-jährige Jubiläum. Loren Cunningham, der Gründer und damalige Leiter, eröffnete die Veranstaltung mit bewegenden Worten. Er verlas eine Liste mit den Namen von verstorbenen Missionaren von JmeM, um ihrer zu gedenken. Sie waren Opfer von Unfällen geworden, waren bei Überfällen oder anderen kriminellen Akten ermordet worden, waren durch Krankheiten ums Leben gekommen oder auch einfach eines natürlichen Todes gestorben. Mir blieb fast die Luft weg. Die Liste erschien unendlich lang und die Verantwortung, die dieser Mann trug, flößte mir tiefen Respekt ein.

Aber heißt Jesus nachfolgen nicht auch, Verantwortung zu übernehmen? Hat er nicht in seinem Wort gesagt: „Wer in Kleinem treu ist, den setze ich über Großes“ (siehe Lukas 19,17)?

Mehr Verantwortung von Gott übertragen zu bekommen, ist ein Privileg und eine Auszeichnung. Aber Großes bedeutet zwangsläufig auch mehr Verpflichtung. Wahrlich ein Vorrecht – ein Vorrecht, das man nicht auf die leichte Schulter nehmen kann.

Die erste Außenstation der FCJG entstand in Wien. Ihr waren etliche Einsätze und einiges an Engagement in Österreich vorausgegangen. In der Erkundungsphase sagte mir mein Bauch, über kurz oder lang würden einige Mitarbeiter in Wien landen. Die Stadt wimmelte nur so von Drogenabhängigen und gestrandeten Leuten. Außerdem war Wien erstens: nicht so weit von Lüdenscheid entfernt, zweitens: bei weitem nicht so exotisch wie Manila oder Bangkok und drittens: sprachlich für die mutigen Erstlingsfrüchte keine Herausforderung. Kurz gesagt: Österreichs Hauptstadt schien der geniale Übungsplatz für die ersten unsicheren Gehversuche in Richtung Vollzeit-Mission zu sein.

Allerdings wollte ich auch hier einen klaren Ruf von Gott und dem Leib Christi hören. Und so beteten die Verantwortlichen in der FCJG und ich gemeinsam um eine unmissverständliche Führung. Die dann auch prompt kam.

Während des weltweiten „Fackellaufs für Jesus" fand eine missionarische Konferenz in Wien statt, zu der ich als Hauptsprecher eingeladen wurde. Gemeinsam mit den Christen der Stadt und vielen jungen Leuten aus dem deutschsprachigen Raum stellten wir die österreichische Metropole evangelistisch auf den Kopf.

Kurz vor meiner Abreise gab mir Johannes Fichtenbauer, der katholische Leiter des „Runden Tisches", eines Treffens von Vertretern der verschiedenen christlichen Gruppen, ein prophetisches Wort mit auf den Heimweg. Es war die ersehnte Bestätigung.

Die Fackel der Weltmission

Wie motiviert man junge Leute, den Ruf zur Weltmission begeistert aufzunehmen und ihm zu folgen?

Viele denken, man wird automatisch Missionar, wenn man seine Koffer packt und in ein anderes Land geht. Meine Erfahrung lehrt mich etwas anderes. Missionar ist man im Herzen. Jemand, der Menschen liebt, will mit diesen Menschen die Botschaft teilen. Und das beginnt im ganz schnöden Alltag. Das Missionsfeld beginnt vor der Haustür, manchmal sogar bereits im eigenen Zuhause. Wenn man in seinem natürlichen Umfeld nicht das geringste Drängen verspürt, seinen Glauben mit anderen zu teilen, warum sollte dieses Verlangen auf einmal in der Mission so übermächtig werden, dass man nicht mehr schweigen kann?

Was mich die Erfahrung aber auch lehrt: Unzählige Christen würden gerne ihren Glauben mit anderen teilen. Sie wissen oft einfach nicht, wie sie es anstellen sollen. Deswegen ist es mein

Anliegen, in Lüdenscheid ein Forum zu bieten, wo kontinuierlich über Evangelisation gelehrt und regelmäßig die Gelegenheit gegeben wird, ganz praktisch den Glauben weiterzugeben. Solche Dinge lernen sich nur in der Praxis. Erst „in freier Wildbahn" entwickelt sich ein Hunger nach mehr. Nichts ist so glaubensstärkend und auferbauend wie das eigene Zeugnis. Und Zeugnis geben kann jeder, der Jesus in sein Leben eingeladen und aufgenommen hat.

Einmal in der Woche betet die ganze Gemeinschaft um acht Uhr morgens auf dem Gebetsberg für die Nationen. Auf der Gebetsliste stehen einzelne Länder, Menschenschicksale oder das allgemeine Weltgeschehen. Die neuesten Nachrichten von den FCJG-Außenstationen werden ausgetauscht und Gebetsanliegen weitergegeben, oft von den eigenen Missionaren, die auf Heimaturlaub in Lüdenscheid zu Besuch sind. Manchmal kommen die Reporte live durch Christen aus anderen Teilen des nationalen und internationalen Gottesvolkes. So wird der Gedanke der Weltmission permanent in den Herzen aller Helfer wachgehalten. Die Bibeltexte: „Bitte mich, so will ich dir Völker zum Erbe geben und der Welt Enden zum Eigentum" (Psalm 2,8) und „Die Ernte ist groß, der Arbeiter aber sind wenige. Darum bittet den Herrn der Ernte, dass er Arbeiter aussende in seine Ernte. Geht hin; siehe, ich sende euch" (Lukas 10,2) sind dabei die Leitworte, die die Gebetszusammenkünfte kontinuierlich begleiten.

In diesem Zusammenhang kommt natürlich auch immer wieder die Frage von Berufung auf. Dabei werden seltsamerweise sogar oft biblische Bestimmungen in Frage gestellt wie: „Folgt mir, ich will euch zu Menschenfischern machen!" (Matthäus 4,18-22) oder „Machet zu Jüngern alle Völker …" (Matthäus 28,17-20).

Das sind Lebensaufgaben, die Jesus den Jüngern gestellt hat und die bis zum heutigen Tag ihre Gültigkeit nicht verloren haben.

Ein Christ muss sehr wohl um seine Berufung wissen. Ob man nun Missionar in Hintertupfingen oder Pastor in einer Klecker-Gemeinde ist, ob man den Beruf des Bankers oder Kraftfahrzeugmechanikers, der Sekretärin oder Ärztin ausübt – um den zugewiesenen Platz in dieser Welt richtig ausfüllen zu können, braucht man die Gewissheit: Die Stelle, an der ich stehe, ist die richtige.

Christen haben alle die Berufung, vollzeitlich zu leben. Wenn das ernster genommen und ernsthafter gelebt würde, könnte Jesus wahrscheinlich schon bald wiederkommen. So gesehen, hat der Ruf in die Weltmission nichts Exotisches, sondern stellt genauso einen normalen Berufs- und Berufungs-Weg dar wie jeder andere auch. Leider lassen sich noch zu viele durch gesellschaftliches Prestigedenken und Erwartungen des Umfeldes abhalten, diesem fabelhaften göttlichen Ruf nachzufolgen. Dabei gibt es nichts Attraktiveres und Aufregenderes, als die ganze Welt für Gott zu erobern und mittendrin im Zentrum des göttlichen Geschehens zu sein.

Natürlich haben auch meine Frau und ich immer wieder gefragt, ob wir Deutschland hinter uns lassen und in die Außenmission gehen sollen. Hin und wieder scharrten wir sogar regelrecht mit den Füßen und wären lieber heute als morgen gegangen. Aber zu guter Letzt fehlte immer dieses „Ja“, welches tief in Gottes Frieden gegründet sein muss. Stattdessen hörten wir immer nur: Bleibt, wo ihr seid, und motiviert, schult, trainiert und mobilisiert andere, in die weite Welt zu gehen.

Dieser Fokus hat natürlich Auswirkungen auf die Arbeit in Lüdenscheid. Hier besteht eher die Schwierigkeit, Kontinuierliches zu bauen. Früher oder später hocken selbst langjährige Mitarbeiter in den Startlöchern und warten ungeduldig auf den Startschuss, um endlich lossprinten und in irgendeinem Land dieser Welt ins Ziel gehen zu können.

Durch meine Reisedienste habe ich das Privileg, in viele Gemeinden und Kirchen hineinschauen zu dürfen. Dabei stelle ich immer wieder fest: Talentierte und motivierte Gemeindemitglieder besetzen scharenweise die Stuhlreihen, manche unglücklich und unzufrieden mit ihrem Dasein, Menschen, die nach der Berufung und dem Sinn ihres Lebens fragen und auch bereit wären, dafür Risiken in Kauf zu nehmen. Doch leider ist das Sendungsbewusstsein in viel zu vielen Gemeinden unterbelichtet. Es ist kaum die Erkenntnis vorhanden, dass wir von Gott berufen sind, bis an die Enden der Erde Einfluss zu nehmen.

Um es noch deutlicher zu sagen: Viele Gemeinden drehen sich um sich selbst. Sie haben noch nicht einmal eine Perspektive für ihre eigene Stadt, geschweige denn für das Land oder gar die Welt. Viele erinnern eher an Seelsorge- und Krankenstationen. Aber die Bibel sagt: „Wo keine Offenbarung ist, wird das Volk wild und wüst“ (Sprüche 29,18).

Ich habe absolut nichts gegen Seelsorge, im Gegenteil, gerade das Volk Gottes soll sich umeinander und um die kümmern, die verletzt am Straßenrand liegen. Wenn es aber dabei stehen bleibt, werden die Nöte zwangsläufig immer größer statt kleiner. Auch hier gelten die Prinzipien: „Geben ist seliger als nehmen“ (Apostelgeschichte 20,35) und „Gottes Kraft ist in den Schwachen mächtig“ (2. Korinther 12,9).

Viele Schwierigkeiten und Sackgassen sind hausgemacht. Es kommt auf die Blickrichtung an. Schaut man immer nur nach innen und auf das, was vor den Füßen auf dem Weg liegt, wird die Perspektive immer enger und der Glaubenswinkel immer kleiner. Schaut man aber in die Weite, auf das, was mit Gott möglich ist, erhebt die Aussicht das Herz, der Glaube wird gestärkt und man bekommt Hoffnung.

Wenn Gemeinden ihre eigenen Städte und Bewohner entdecken und Missionare rund um den Globus aussenden, sie finanzieren und ernstlich und kontinuierlich für sie beten würden, hätten sie eine dreifache Schnur, mit der sie beteiligt wären, das weltweite Netz zu knüpfen und den globalen Fischzug zum Vater nach Hause zu bringen.

Der Irrglauben, wer weiß wie gut ausgebildet sein zu müssen, um von Gott gebraucht werden zu können, ist landauf, landab weit verbreitet. Ausbildung ist gut, aber nicht das Wesentliche. Lieben, was Gott liebt: Darum geht es. Und das sind nun mal die Verlorenen.

Bei meinem ersten Besuch auf den Philippinen traf ich eine Gruppe junger australischer Christen. Sie waren zwei Jahre zuvor für einen Kurzeinsatz von einigen Wochen auf die Inseln gekommen. Sie erzählten mir eine bewegende Geschichte.

Am Abend vor ihrer Heimreise stieß plötzlich jemand die Tür auf. Eine Frau stand weinend vor ihnen, in den Armen ein völlig blutverschmiertes Baby. Draußen im Slum hatte es eine Schießerei gegeben. Im wilden Durcheinander hatte sich eine Kugel verirrt und das Baby unglücklich in den Kopf getroffen. Die Mutter bat voller Verzweiflung um Hilfe. Da jeglicher Notruf umsonst gewesen wäre – eine Ambulanz wäre nicht ins Armenviertel gekommen, und in ein Krankenhaus zu fahren hätte Stunden gedauert –, beteten die jungen Christen hilflos, was das Zeug hält. Angesichts solch einer Tragödie flehten sie um Gottes direktes Eingreifen und baten um ein Wunder. Und tatsächlich, binnen kürzester Zeit stoppten die Blutungen, das Kind reagierte wieder und wurde schließlich vollkommen geheilt. Das wiederum löste in der Nachbarschaft ein reges

Interesse aus, und ganz bald musste in dem Elendsviertel eine blühende Gemeinde gegründet werden.

Die jungen Australier stornierten ihre Rückflüge und blieben im Zentrum von Gottes Handeln. Sie wussten am laufenden Band von Wundern zu erzählen und strahlten dabei um die Wette. Lebende Beispiele für Gottes Zusage, wer in ihm bleibt, der wird Frucht bringen.

Was Gott in seinem Jünger sucht, ist ein verfügbares Herz. Ein Herz, wie Philippus es besaß. Er hatte im Mittelpunkt einer riesigen Erweckung in Samarien gestanden. Durch seinen Dienst voller Zeichen und Wunder war Gottes Liebe für viele konkret geworden. Und mittendrin, in der Blütezeit des Geschehens, sandte Gott ihn in die Wüste. Wie wird er sich hier vorgekommen sein? Nach all dem Erweckungstrubel in Samarien plötzlich die absolute Stille und Einsamkeit in der Einöde. Nur ein verfügbares Herz und das Vertrauen auf Gottes höhere Wege machen da noch Sinn.

Und tatsächlich, noch ehe er lange nachgrübeln konnte, hörte er Gottes nächste Weisung: „Halte dich zu diesem Wagen." In dem saß der Wirtschaftsminister des heutigen Äthiopien, der gerade den Text aus Jesaja 53 zu entschlüsseln versuchte. Wunder über Wunder: Erst trifft Philippus inmitten von Sandbergen und gähnender Leere auf die einzigen lebenden Seelen weit und breit, und dann liest auch noch ein Nicht-Jude in der Heiligen Schrift. Und zwar genau die Stelle, die Jesu Auftrag hier auf Erden beschreibt. Für Philippus war es nicht schwer, eins und eins zusammenzuzählen und diesen Wüstenreisenden zu Jesus zu führen und anschließend zu taufen.

Danach zog der Politiker fröhlich seines Weges und verbreitete das Evangelium in ganz Äthiopien, was wiederum eine riesige Erweckung zur Folge hatte, so erzählt die Kirchengeschichte. Philippus aber fand sich von einem Moment zum nächsten im

300 km entfernten Aschdod wieder und ging neuen Abenteuern entgegen. All das, ja, noch viel mehr kann und will Gott mit Menschen tun, die sich ihm willig zur Verfügung stellen.

In Lüdenscheid gaben sich mittlerweile Missionare aus der ganzen Welt die Klinke in die Hand. Größen wie Loren Cunningham und George Verwer, der Gründer von OM (Operation Mobilisation, einem anderen Jugend-Missionswerk), besuchten und ermutigten die gesamte Gemeinschaft.

Und so war es fast eine logische Konsequenz, dass der nächste Schritt in Form einer Missionskonferenz für ganz Deutschland getan werden sollte. Unter dem Label „Asien-Konferenz" wurde die breite Öffentlichkeit informiert und eingeladen. Sage und schreibe ca. 800 Dauerteilnehmer meldeten sich an. Auf der Sprecherliste standen Jackie Pullinger-To aus Hongkong und Mark Buntain aus Kalkutta.

Der Kanadier Mark Buntain wohnte mit seiner Frau Huldah und Familie seit 1954 in Kalkutta/Indien. Sie hatten in der kommunistischen Stadtstaat-Metropole über die Jahre hinweg ein riesiges Werk der Barmherzigkeit aufgebaut. Getrieben von der Liebe Gottes und dem herzlichen Erbarmen für die vielen armen, hungernden und kranken Menschen, eröffnete Mark zu Beginn ein Hospital mit nur einem Bett. Dreißig Jahre später war daraus das größte und modernste Krankenhaus der Stadt geworden mit Hunderten von Betten. Dazu betrieben sie Schwesternschulen, Bibelschulen, Waisenhäuser und über vierzig Gemeinden. Jeden Tag verteilten sie an verschiedenen Stellen in der Stadt an 20000 hungernde Menschen eine lebensspendende warme Mahlzeit.

Mit Jackie und Mark kamen zwei Gesalbte nach Lüdenscheid. Zwei Menschen, die sich bereits über Jahrzehnte hinweg an den Hecken und Zäunen dieser Welt zur Verfügung gestellt und damit wahrscheinlich schon Tausenden zu einem lebenswerten Leben geholfen hatten.

Marks Predigten sind bei vielen bis heute unvergessen. Wenn er auf der Bühne stand, sprühte er nur so vor Leben und steckte damit in null Komma nichts jeden Zuhörer an.

Mittendrin in solch einer mitreißenden Rede änderte er ganz plötzlich seinen Fokus. Er sagte, jeder Christ sei Inhaber eines geistlichen Scheckbuchs, welches er von Gott bei der Bekehrung zur Verfügung gestellt bekommen habe, mit einer unterschiedlichen Anzahl von Schecks. Von Zeit zu Zeit würden Situationen kommen, in denen vom Eigentümer verlangt werde, den einen oder anderen Scheck bei Gott einzulösen. Meistens sei das in entscheidenden Lebensveränderungen der Fall. Er habe nur noch einen Scheck in seinem Scheckbuch übrig und er wisse mit großer Sicherheit, dass er gerade dabei sei, diesen bei Gott einzulösen.

Der Saal wurde ganz still, jeder hielt die Luft an. Das hörte sich an, als spräche Mark von seinem Tod. Kaum vorstellbar, er war doch gerade erst Mitte sechzig. Allerdings war er körperlich sehr geschwächt. Mit einigen einoperierten Eisenplatten im Rücken schafften die Ärzte es zwar, seinen Zustand zu stabilisieren, dennoch litt er heftig. Nachts brannte meist das Licht in seinem Zimmer, weil er vor Schmerzen nicht schlafen konnte. Aber das tat seiner guten Stimmung keinen Abbruch. Wenn er hinter einer Kanzel stehen könne und predigen dürfe, gehe es ihm gut, dann sei er schmerzfrei, meinte er lachend. Er betete nahezu ununterbrochen im Heiligen Geist, egal wo er war oder was er tat.

Der Höhepunkt der Konferenz war zweifelsohne erreicht, als sich bei seinem Vortrag am letzten Tag der Konferenz auf einmal Hunderte der Teilnehmer von ihren Stühlen erhoben und nach vorne zur Bühne strömten. Es passierte einfach so, ohne Aufruf. Viele fielen auf die Knie, andere erhoben die Hände, fast alle weinten und schluchzten. Man konnte Mark die Überraschung förmlich ansehen. Mit solch einer Reaktion hatte er nicht gerechnet. Aber er war sensibel gegenüber dem Heiligen Geist. Dann sagte er etwas Kostbares, was mir noch heute die Tränen in die Augen treibt: „Es gibt nicht mehr so viele klassische alte Missionare meiner Generation auf dem Missionsfeld. Ich spüre, ich soll hier in Lüdenscheid gerade euch in dieser Konferenz die Fackel der Weltmission weitergeben.“ Viele sprangen auf und ergriffen die Fackel und ich war mitten unter ihnen. Ergriffen nahm ich Marks Gebet auf. Ich wusste in meinem tiefsten Inneren, hier war etwas ganz Entscheidendes passiert.

Zwei Wochen später bekam ich einen handgeschriebenen Brief von Mark, in dem er mir noch einmal versicherte, wie wichtig die Zeit für ihn gewesen sei. In den schlaflosen Nächten hatte Gott ihm neue Visionen für Indien gegeben.

Eine weitere Woche später starb er für alle ganz unerwartet. Seinem Wunsch entsprechend wurde er in der Erde von Kalkutta begraben. Zwanzigtausend Menschen gaben ihm das letzte Geleit.

Ganz Deutschland war Ende der achtziger Jahre und der Anfang der neunziger Jahre geprägt von großen Konferenzen. John Wimber war in aller Munde, und vor allen Dingen erfrischte die Anbetung, die durch die Vineyard-Bewegung ins Land schwappte, weite Teile des Leibes Christi.

Der erste große Teenager-Kongress in Lüdenscheid unter dem Thema „1000 Teenager für Gott – sage nicht: Ich bin zu jung“

stand ins Haus, auf der Grundlage von Jeremia 1,5-12. Viele Christen im Land belächelten die Werbung nur mitleidig, denn es herrschte die einhellige Meinung: Um eine dermaßen große Anzahl Jugendlicher zusammenzubekommen, müsste man mit Schnitzeljagd, Fußball und anderen kulturell trendigen Highlights aufwarten. Nur mit geistlichen Anliegen um die Ecke zu kommen, würde nicht reichen und man würde keinen einzigen Teen aus hinter dem Ofen hervorlocken. Ein großer Irrtum, wie sich herausstellen sollte. Es kamen weit mehr als tausend Teenager. Viele bekehrten sich, und David Cunningham, der 18-jährige Sohn von Loren, motivierte alle, mehr von Gott zu erwarten.

Die Nachmittage verbrachten die Kids in kleineren oder größeren Teams auf den Straßen oder wo auch immer sich eine Tür auftat. Dabei erfuhren sie, was es heißt, wenn Gott sagt: „Sage nicht, ich bin zu jung." Sie erlebten Führungen durch den Heiligen Geist und hatten abends so einiges zu berichten:

Ein Team sollte in einem der Lüdenscheider Altenheime dienen. Ein Sechzehnjähriger hatte keinen Bock auf alte Leute, wurde aber diesem Team zugeteilt, wie er es später in seinem Bericht formulierte. Nur sehr widerwillig ging er mit. Es war ein wunderschöner Nachmittag, und als sie am Seniorenheim ankamen, saßen mehrere Omis gemütlich draußen auf einer Parkbank.

Als diese die gut gelaunten jungen Leute sahen, fragte eine der alten Frauen: „Warum seid ihr so fröhlich?" Unser nicht motivierter Sechzehnjähriger ergriff die Chance, den Tag doch noch zu seinen Gunsten rumzureißen, und antwortete wie selbstverständlich: „Der Grund ist Jesus." Die Omis wollten mehr wissen, und schon entbrannte ein reges Hin und Her mit dem Resultat, dass die Bank voller Omas Jesus als ihren Herrn und Erlöser annahm und alle beteten. Nun war der junge Mann so motiviert, dass er die alten Damen auch noch von der Wichtigkeit der Taufe im Heiligen Geist überzeugte. Das Team betete für die

Frauen, und diesmal war das Ergebnis, dass Jung und Alt Gott gemeinsam in einer neuen Sprache lobte.

Als das Team abends vom Einsatz berichtete, war von Motivationsmangel nichts mehr zu spüren, und der junge Mann schlug vor Begeisterung fast Rad. Die anderen Teams hatten zumeist nicht minder gute Erfahrungen gemacht. Am Samstagmorgen war der Clou eine riesige Open-Air-Veranstaltung mitten in der Stadt auf dem Rathausplatz. Bürgermeister und Stadtdirektor begrüßten die Versammlung offiziell und wünschten allen Gottes Segen.

Übrigens war besagter Sechzehnjähriger am Montag in der Schule noch immer so hoch motiviert, dass ihn selbst genervte Mitschüler nicht bremsen konnten. Er beobachtete, wie einer seiner Kollegen einen Cola-Automaten mit den Füßen bearbeitete. Er hatte Geld in den Automaten reingeworfen, aber unten war nichts rausgekommen. Mutig ging der junge Christ dazwischen mit der Bemerkung: „Lass mich das mal machen", legte die Hand auf die Cola-Maschine und betete im Namen Jesu. Kaum hatte er zu Ende gebetet, polterte unten schon die Cola-Dose raus. Seinem Freund fielen fast die Augen aus dem Kopf, und er meinte: „So will ich auch beten können."

Darum geht es. Junge Leute sollen sich in Gott verlieben und so schnell wie möglich lernen, seinen Willen zu erkennen und in seinem Willen zu leben. Und sie sollen erleben, dass sie sich des Evangeliums nicht zu schämen brauchen.

Je mehr die jungen Leute ins Blickfeld rückten, desto klarer wurde: Diese Jahrgänge wurden im Leib Christi im Großen und Ganzen echt vernachlässigt. In der freien Wirtschaft hatte man schon lange entdeckt, was für ein Potenzial in dieser Altersgruppe steckt. Sie waren auf allen Ebenen die auserkorene Zielgruppe. In der Werbung, in der Musik, in der Mode, jeder buhlte um ihre Aufmerksamkeit, nur die Christen taten fast so, als ob es sie gar nicht gäbe. Kaum waren sie aus dem Alter der Sonntagsschule heraus, wurde ihnen in der Gemeinde als das noch Interessanteste die Schnitzeljagd angeboten – für einen Teenager ungefähr so spannend wie eingeschlafene Füße.

In jedem jungen Menschen steckt der Trieb, die Welt aus den Angeln heben zu wollen. Er trägt einfach das Privileg in sich, alles anders und damit wahrscheinlich besser machen zu wollen als die Vorgänger-Generation. Gott sei Dank! Wäre es nicht so, hätte sich die Welt seit Anbeginn kaum verändert. In dem Alter hat man Fragen über Fragen und manchmal auch Antworten über Antworten. Nicht immer die richtigen, aber das tut nichts zur Sache. Dieses Vakuum will gefüllt werden. Die Zukunft ist noch wie ein leeres Buch, das offen vor einem liegt und beschrieben werden muss. Dabei sind Unsicherheiten und Ausrutscher schwer zu vermeiden, aber auch hier gilt: Wer nicht wagt, der nicht gewinnt.

Leider haben sich etliche Ratgeber dieser Welt diese Orientierungssuche zu Eigen gemacht und schlagen gewissenlos zu. Verdrehte Werte, verkorkste Ansichten, gesetzloses Verhalten, Verrohung, all das und noch mehr wird kübelweise über die Jugend der heutigen Zeit ausgegossen, und dabei werden ihre Seelen skrupellos verkauft.

Als Christen sollten wir diesem Treiben nicht tatenlos zusehen. Wir sollten aufhören, die Jugendlichen wie kleine Kinder zu behandeln, und ihnen stattdessen helfen, ihren Glauben an Gott zu stärken. Wir sollten ihnen etwas zutrauen, denn Gott traut ihnen jede Menge zu und er will im Positiven Geschichte mit ihnen schreiben.

David regierte bereits als junger Mann eine ganze Nation. Er kämpfte und siegte gegen Goliath und schrieb die schönsten Liebesverse für Gott. Und der nannte ihn Freund. Gott sprach in Träumen zu Josef, der später ein ganzes Land und seine Familie rettete, als er siebzehn war. Gideon empfing seine Berufung im Teenageralter und wurde ein legendärer, gerechter und gottesfürchtiger Richter. Samuel hörte mit zwölf das erste Mal Gottes Reden und wurde ein bedeutender Prophet, Jeremia war siebzehn, als ihm dasselbe widerfuhr. Maria war sechzehn, als sie sich dem Heiligen Geist zur Verfügung stellte und den Sohn Gottes in ihrem Leib willkommen hieß. Und zu Timotheus sagte Paulus: „Niemand verachte dich wegen deiner Jugend …" (1. Timotheus 4,12).

Dies waren die Beweggründe, warum die FCJG sich auf das glatte Parkett des Zeitschriftenmarktes begab. Wir wollten einfach nicht länger tatenlos zusehen, wie so genannte Teenager-Magazine ihre hohlen Werte über junge Christen und Nicht-Christen ausgossen. Der „CHAMP" wurde aus dem Boden gestampft. Mit wenig Insider-Wissen, praktisch ohne Geld und Equipment, aber dafür mit viel Enthusiasmus und Glauben ging es an die Arbeit. Nikola und Sylvia Nesovic übernahmen die Leitung und die Verantwortung und zogen bald aus dem Wiedenhof aus. Das neue Haus beherbergte ihre kleine Familie und die Redaktion sowie alle anderen Arbeitsbereiche des jungen Magazins.

Das Teenie-Zentrum organisierte in den folgenden Jahren für Hunderte junger Leute Einsätze in der Weltmission. Sie waren unterwegs in Rumänien, der Schweiz, Jugoslawien, in Asien und anderen Ländern. Und jedes Mal kamen sie begeistert zurück. Nach wie vor ist es wichtig, Jung und Alt zu vermitteln: Gott möchte selbst Kinder gebrauchen für den Dienst am Hause Gottes.

Er war, ist und bleibt ein Gott der verschiedenen Generationen. Er ist der Gott Abrahams, Isaaks und Jakobs, und das

Optimale ist natürlich, wenn die Generationen in Liebe und Wertschätzung miteinander das Reich Gottes bauen. Gott sei Dank, dieses Thema wird immer beliebter in der Gemeinde Gottes.

Einer der Hauptgründe, warum ich mich im Teenageralter von allem verabschiedet habe, was mit Kirche zu tun hatte, war die graue Eintönigkeit. Ich konnte mir beim besten Willen nicht vorstellen, ein Leben in der Gemeinde reizvoll zu finden. Alles, was ich gesehen hatte, empfand ich als überaus öde, war noch nicht einmal ein Gähnen wert. Vor allen Dingen die monotone Musik trieb mir wahre Schauder den Rücken runter.

Als Kind des Rock ‘n‘ Roll und der modernen Beat- und Popmusik war ich bei Festivals und Rock-Konzerten zu Hause. Meine Heroes live spielen zu sehen war das Größte für mich. Ich tingelte von den Beatles zu den Rolling Stones, stand bei Deep Purple und Pink Floyd vor der Bühne, und Jimi Hendrix und Led Zeppelin lösten in mir Freudentaumel aus. Die größte Tragödie war für mich die Nachricht, dass sich die Beatles auflösen wollten. Und als dann auch noch Jimi Hendrix, den ich kurz zuvor beim Fehmarn-Festival angehimmelt hatte, an einer Überdosis Drogen starb, wurde ich vor Trauer beinahe depressiv und hatte wirklich mit Selbstmordgedanken zu kämpfen.

Mit meiner Bekehrung änderte sich alles schlagartig. Der neu gefundene Glaube gab mir so viel Optimismus für die Zukunft, dass sie eigentlich nur rosa aussah, bis vielleicht auf einen kleinen farblosen Fleck: Tief in mir saß der Argwohn, mein Leben als Christ könnte genau so werden, farblos, monoton und fade, schlicht gesagt: langweilig. Deswegen lautete eins meiner ersten inbrünstigen Gebete ungefähr so: „Herr, du kannst alles mit meinem Leben machen, lass es nur nicht langweilig werden.“ Bis zum heutigen Tag hat Gott dieses Gebet erhört. Bisweilen war es buchstäblich zu dramatisch und ich musste einige Male atemlos sagen: „Gott, jetzt ist es genug, ich brauche jetzt meine Ruhe.“ Für zwei, drei Tage …

Als ich also zum Glauben kam, wäre mir im Traum nicht eingefallen, christliche Lieder zu singen, Irene noch weniger, denn sie hatte überhaupt keinen christlichen Familienhintergrund. Wir hörten also weiter Rock-Musik, beteten viel und lasen stundenlang gemeinsam in der Bibel, aber fromme Lieder kamen nicht über unsere Lippen. Dann wurden wir mit dem Heiligen Geist erfüllt, und damit veränderte sich alles. Wir fingen an, Gott in einer neuen Sprache zu loben und zu preisen, erst gesprochen und dann gesungen. Kurz darauf kam ein altes Kirchenlied wieder hoch: „Lobe den Herren, den mächtigen König der Ehren.“ Wir kriegten zwar nur mühsam den Text einer Strophe zusammen, aber immerhin.

Damit war eine neue musikalische Epoche und Reise in meinem Leben angebrochen. Ich trennte mich von Hunderten Langspielplatten, die ich über die Jahre angesammelt hatte, brachte sie auf die Müllkippe und sah dabei zu, wie die Heroes aus vergangenen Tagen vom großen schwarzen Schlund verschluckt wurden. Denn was ich in der Anbetung Gottes empfangen und empfunden hatte, war so etwas Einmaliges, dass es einfach nicht zu überbieten war. Kein Rock-Konzert hätte da auch nur im Entferntesten mithalten können.

Bis zum heutigen Tag ist die Anbetung einer der Eckpfeiler der FCJG. Immer wieder war Erneuerung und Veränderung vonnöten, denn schnell greifen Traditionen nach einem. Was heute noch lebt und frisch ist, kann morgen schon schal und tot sein. Und ehe man sich's versieht, lebt man in irgendwelchen Formen ohne wirklichen geistlichen Inhalt. Das Herz der Anbetung liegt in der persönlichen Beziehung zum Vater, zu Jesus und zum Heiligen Geist.

Es geht hierbei überhaupt nicht um Stil und Musikrichtungen und schon gar nicht um laut oder leise. Grundsätzlich glaube ich, Musik ist von Gott geboren. Der Teufel kann nichts Neues schaffen. Und wie in allen anderen Lebensbereichen hat er sich auch den Bereich der Musik widerrechtlich angeeignet, ihn pervertiert und boshaft missbraucht.

Natürlich bedeutet Anbetung nicht nur Musik und Singen. Sie gehört nicht in einen Gottesdienst-Teil eingesperrt, reduziert auf das Ablesen von bloßen Worten und das Wippen der Füße im Takt.

Anbetung ist Lebensstil. Wie man mit seiner Frau zusammen lebt, wie man mit seinen Eltern umgeht, wie man seine Arbeit macht. Es geht um die kleinsten und die wichtigsten Bereiche im Leben. Alles für Gott. „Alles, was ihr tut, das tut von Herzen als dem Herrn und nicht den Menschen“ (Kolosser 3,23).

Ein schönes Beispiel dafür ist die lehrreiche Geschichte eines Missionsteams von JmeM. Sie versuchten in einem der Flüchtlingscamps in Nord-Thailand kambodschanischen Flüchtlingen zu helfen.

Das Camp befand sich in einem chaotischen Zustand und war völlig überfüllt. Voll missionarischem Eifer stürzte sich das Team in das Getümmel und versuchte die desillusionierten Insassen durch Singen, Tanzen und Predigen zu beeindrucken. Sie wurden einfach ignoriert. Kein Mensch interessierte sich für ihr frommes Programm. Erst als sie anfingen ganz praktisch in das tägliche Leben einzugreifen, änderte sich das. Sie krempelten die Ärmel hoch und reparierten das total zusammengebrochene Toiletten-System, eine Drecksarbeit im wahrsten Sinne des Wortes. Diesmal zeigten die Flüchtlinge eine Reaktion: Sie lachten die „doofen" Westler aus. Aber nicht sehr lange. Nach ein paar Tagen stellten sie die ersten Fragen und nach ein paar weiteren Tagen durfte das Team mit einigen beten. Eine kleine Erweckung brach aus. Nun stand das Team nicht mehr alleine mit erhobenen Händen inmitten all des Elends, viele neu gewonnene Geschwister waren mit ihnen und beteten an.

Anbetung ist weit mehr als nur Musik und Worte, es ist das Sichtbarwerden einer Beziehung, nämlich der Beziehung des Anbeters zu seinem Gott und zu Menschen.

Gott möchte, dass wir ein Wohlgeruch sind an allen Orten und zu jeder Zeit: „Gott aber sei gedankt, der uns allezeit Sieg gibt in Christus und offenbart den Wohlgeruch seiner Erkenntnis durch uns an allen Orten" (2. Korinther 2,14).

Solange wir auf diesem Planeten leben, sind wir dazu berufen, ihn ein wenig besser zu machen, einfach durch unsere Präsenz. Das ist weitaus mehr als ein religiöses Programm, das zu irgendeiner festgesetzten Zeit in irgendwelchen Gebäuden, die wir Kirche nennen, zelebriert wird. In den Psalmen heißt es, Gott wohnt „unter den Lobgesängen Israels" (Psalm 22,4, EÜ).

Er kommt nicht nur mal eben zu Besuch. Er entscheidet sich nicht nach Lust und Laune, mal zu erscheinen oder auch wegzubleiben. Er wohnt in der Anbetung, das heißt: Er ist zu Hause in ihr, sie ist ihm vertraut und er genießt sie. Sie ist sein permanenter Wohnsitz. Wenn ich ihn treffen will, dann gehe ich zu ihm nach Hause, indem ich ihn anbete. Und dann kann ich entspannt der Dinge harren, die da kommen werden.

Das genau war der Beweggrund, der die Verantwortlichen der FCJG veranlasste, über einen großen Worship-Event mit mehreren tausend Teilnehmern nachzudenken. Es wurde entschieden, ein riesiges Zelt zu mieten, gesalbte Anbetungsbands einzuladen und den Schwerpunkt nicht auf Predigten, sondern auf Anbetung zu legen – und dann zu sehen, was passieren würde …

Auch die Suche nach neuen Wegen in der Evangelisation war ständig ein Thema. Über einen Zeitraum von zwei Jahren veranstaltete die Gemeinschaft einmal im Monat in der Schützenhalle in Lüdenscheid Gottesdienste unter dem Thema: „Jesus rettet – Jesus heilt – Jesus befreit“. Aber sie brachten nicht den erwarteten Durchbruch. Die durchschnittliche Besucherzahl pendelte sich ungefähr bei 600 ein. Gott war da, aber die Zahl der Bekehrungen nahm mit jedem Gottesdienst eher ab.

Ganz anders sah es bei Konferenzen und Seminaren aus. Es war relativ einfach, große Massen von Menschen ins kleine Lüdenscheid zu rufen. Der zweite Teenager-Kongress mit 2400 Teilnehmern war dabei ein Höhepunkt.

Meine persönlichen Reisedienste dehnte sich in dieser Zeit kolossal aus. Ich empfand es als ein besonderes Vorrecht, unmittelbar nach dem Tod von Mark Buntain von seiner lieben Frau Huldah eine Einladung nach Kalkutta zu erhalten. Mit Martin, Gila und Irene machte ich mich auf den langen Weg und wir wurden äußerst gastfreundlich aufgenommen.

Huldah erzählte, Mark sei mit neuen Visionen für Indien aus Lüdenscheid heimgekommen. Er habe kurz vor seinem Tod konkrete Aufzeichnungen über die Erweiterung seines Dienstes in weitere acht Staaten Indiens angefertigt. Sie wirkte mir ein bisschen hilflos und verloren in dieser schwierigen Situation. Ihr Mann hatte ein riesiges Werk hinterlassen und ich hatte den Eindruck, seine Schuhe seien ihr um etliche Nummern zu groß. Dennoch hat Huldah in den sechzehn Jahren seit dem Tode ihres Mannes seine Visionen in die Realität umgesetzt. Das Werk steht heute größer und einflbussreicher da als je zuvor. Ich fragte sie einmal, wie sie in Marks Schuhe getreten sei, und sie meinte: „Der Herr sagte, ich soll immer für einen Tag glauben.“ Die Arbeit, die sie gemeinsam mit ihrem Mann und später alleine in mehr als fünfzig Jahren aufgebaut hat, ist einfach nur überwältigend.

Ihren immensen Einfluss in der Stadt bekam ich bereits bei der Einreise am Flughafen zu spüren. Als Huldah das Gebäude betrat, standen viele Angestellte beinahe Spalier. Jeder begrüßte sie freundlich, man winkte mich und die anderen einfach durch die Einreiseprozeduren und half uns auf jede nur erdenkliche Weise. Als ich Huldah fragte, warum das so sei, meinte sie fast lapidar: „Ich kenne sie fast alle von klein an, sie haben erst unsere Kindergärten, danach unsere Schulen besucht. Etlichen von ihnen habe ich schon die Nase geputzt.“

Die Stadt an sich war schrecklich schmutzig. An jeder Ecke konnte man Bilder des Grauens sehen. Hungernde und sterbende Menschen lagen einfach so auf den Straßen und man konnte keinen Schritt gehen, ohne angebettelt zu werden. Ständig umringt von Horden von Kindern, versuchte ich verzweifelt den Überblick zu behalten, um keinen Kulturschock zu bekommen. Huldahs Heim wurde regelrecht zum Zufluchtsort für mich.

Natürlich kann man nicht über Kalkutta reden, ohne automatisch an Mutter Teresa zu denken. Sie spielte in derselben Liga wie lange vor ihr Franz von Assisi oder Don Giovanni Bosco. In der katholischen Kirche gab es im Laufe der Geschichte immer wieder ganz außergewöhnliche Heilige, die sich besonders im Dienst an den Armen hervorgetan haben. Und das ist im Werk der „Schwestern der Barmherzigkeit" beispielhaft demonstriert. Wir besuchten die Sterbehäuser, Krankenstationen und Essen-Ausgabestellen. Wir sahen die endlosen Menschenschlangen, die darauf warteten, mit ihren Anliegen vorgelassen zu werden. Nie werde ich das vergessen.

Mutter Teresa war eine gute Freundin von Huldah, und so bekamen wir vier das besondere Privileg, die kleine Albanerin persönlich kennen zu lernen. Ein Empfehlungsbrief öffnete für uns die Türen ins Mutterhaus. Als diese ziemlich unscheinbare Person, die bereits zu Lebzeiten eine Legende war, in ihrer weißblauen Tracht vor mir stand und mich mit ihren gütigen Augen anlächelte, war ich so beeindruckt, dass ich kaum ein Wort über die Lippen brachte.

Sie bemerkte wohl meine Unsicherheit und eröffnete das Gespräch mit der Frage, wo wir denn herkämen. Als ich erwiderte: „Aus Deutschland", reagierte sie ganz spontan und meinte: „Oh Deutschland! Deutschland braucht wirklich Jesus. Auch wenn ihr in andere Nationen geht, vergesst euer Deutschland nicht." Auf meine Frage: „Wie kann man in all dem Elend, das Sie jeden Tag umgibt, so glücklich und positiv sein und bleiben, wie Sie es sind?", wies sie uns auf den Lobpreis hin, den wir leise aus irgendeinem Winkel des Komplexes hörten. Sie sagte: „Das ist unser Geheimnis. Wir beten 24 Stunden am Tag Jesus an. Und feiern immer wieder die Eucharistie. Während die einen draußen bei den Armen sind, die anderen sich ausruhen und schlafen, ist parallel dazu immer eine Gruppe von Schwestern versammelt, die anbeten."

Sie gehörte ohne Zweifel zu den Menschen, mit denen Gott auf dieser Erde positive Geschichte schrieb. Als ich nach dem

Tod von Mutter Teresa noch einmal in Kalkutta war, besuchte ich ihr Grab. Ihr Arzt begleitete mich, ein wundervoller Christ mit pfingstlichem Hintergrund. Er war die letzten sechs Wochen nicht von der Seite der Sterbenden gewichen und empfand es als Vorrecht, in den Minuten ihres Todes bei ihr gewesen zu sein. Ihre letzten in dieser Welt gesprochenen Worte lauteten: „Ich liebe Jesus.“

„Marsch für Jesus“ um den Globus

In Deutschland bewegte sich so einiges. Der „Marsch für Jesus“ hatte sich seinen Weg von den britischen Inseln über den Kanal zu uns auf das Festland gebahnt. Man hatte das Gefühl, das ganze Volk Gottes sei auf den Beinen, um neues verheißenes Land einzunehmen. Und die FCJG war wie immer mittendrin im Zentrum des Geschehens. Helmut mit Crew organisierte neben den vielen kleineren Märschen auch die in Lüdenscheid mit ca. 5.000 und in Nürnberg mit etwa 10.000 Teilnehmern, sozusagen als Trainingsprogramm, denn das Finale in Berlin stand noch aus.

Zur Vorbereitung für den großen Event kam die englische „Marsch für Jesus“-Leitung ins holländische DeBron. Lynn Green, Roger Forster, Gerald Coates und Graham Kendrick stellten hier ihre Vision vor: Mitte Juni 1992 sollten in vielen Hauptstädten und Metropolen auf allen fünf Kontinenten Märsche für Jesus stattfinden, zu denen Christen aller Konfessionen erwartet würden. Viele Leiter und Pastoren hörten ihnen zu. Sie kamen von unterschiedlichen Kirchen und Gemeinden aus etlichen europäischen Ländern. Ich war einer von ihnen.

An einem Nachmittag gingen die verschiedenen Delegationen ins Gebet, so auch zehn Leiter aus Deutschland. Nach der Gebetszeit fragten sie mich, ob ich bereit wäre, besagten großen „Marsch für Jesus“ zu organisieren. Ein nationales Leitungsteam würde mir zur Seite stehen. So wurde ich für die nächsten fünf Jahre der Chairman für MfJ-Deutschland.

Wenn ich damals auch nur im Entferntesten geahnt hätte, was da mit Vehemenz auf mich zugerollt kam, hätte ich wahrscheinlich nicht so widerspruchslos zugesagt. Aber wie so oft, wenn Gott ruft und einen in die Pflicht nimmt, kann man das Ausmaß der Verantwortung nicht von vornherein überschauen. Und das ist auch gut so. Nur so kann man im Glauben wachsen.

Schon im Vorfeld des großen Ereignisses ging ich durch meine persönlichen Höhen und Tiefen. Eine quälende Vorstellung ließ mich so manche Nacht nicht schlafen: „Stell dir vor, es ist ‚Marsch für Jesus‘ – und niemand geht hin.“ Das war der Horror pur. Helmut musste sich im Laufe der Zeit einiges von mir anhören und litt mit mir. Die Alpträume wurden immer bizarrer, bis mir der Kragen platzte und ich nach einer weiteren schlaflosen Nacht an Gott appellierte: „Herr, du musst irgendetwas tun. Ich muss wissen, dass das Ding ein Erfolg wird, sonst breche ich schon auf dem Weg dorthin zusammen. Gib mir doch bitte ein Zeichen.“

Am nächsten Morgen klingelte das Telefon. Helmut war am anderen Ende der Leitung. Ganz aufgeregt fragte er mich, ob ich noch alle Tassen im Schrank hätte. Ich wusste zuerst gar nicht, was er von mir wollte. Dann durchkämmte ich in Sekundenschnelle die Erinnerung an meine letzten Aktivitäten und

Entscheidungen, ob ich vielleicht wieder einmal irgendetwas in den Sand gesetzt haben könnte. Mir fiel aber beim besten Willen nichts ein. Helmut lachte in den Trichter: „Stell dir vor, wir hatten heute Nacht ein Erdbeben, das erste nach 100 Jahren, mit dem Epizentrum in Köln.“ Darum seine Tassen-Frage, bei ihm zu Hause waren nämlich fast alle Tassen aus dem Schrank gefallen, so sehr hatte die Erde gewackelt.

Für mich war es das erflehte Zeichen von oben. Ab da schlief ich besser.

Natürlich trafen die Leiter des MfJ bereits einige Tage vor dem eigentlichen Ereignis in Berlin ein. Gemeinsam beteten wir mehrmals die Strecke durch. Startpunkt war direkt vor dem Gebäude der Volkskammer im Osten Berlins, dem so genannten Palast der Republik. Der Marsch-Route folgend ging es dann betend durch das Brandenburger Tor in den Westen. Dahinter sollte die Abschlussveranstaltung stattfinden.

Die Vorbereitungen liefen planmäßig, die Welt schien in Ordnung und Helmut hatte alles im Griff. Ganz entspannt harrte ich der Dinge, die da kommen würden, bis mich sein Anruf im Hotel erreichte: „Walter, du musst jetzt wirklich beten. Ich war gerade bei der Polizei, um die Sicherheitsvorkehrungen für den Tag durchzusprechen, als ein Fax mit einer Nachricht vom Berliner Senat hereintickerte. Ausgerechnet am Tag des Marsches soll das Brandenburger Tor für den öffentlichen Verkehr freigegeben werden. Der feierliche Akt soll im Beisein der Weltpresse stattfinden, genau in dem Augenblick, wenn die erwarteten zigtausend ‚Marsch für Jesus‘-Teilnehmer das Brandenburger Tor passieren. Was soll ich tun, Walter?“

Ich riet ihm, direkt zum Senat zu gehen. Und ich fiel auf meine Knie und betete Sturm: „Herr, lass diesen Kelch an uns vorübergehen." Nach einigen Stunden rief Helmut wieder an. Er hatte es tatsächlich geschafft, die Person im Senat ausfindig zu machen, die für das Durcheinander verantwortlich war. Und er hatte den Beamten überzeugen können, die aufwändige Übergabe an den öffentlichen Verkehr um eine Woche zu verschieben. Mir fiel eine tonnenschwere Last von den Schultern.

Am Samstagmorgen, dem Tag des ersten Jesus-Marsches, konnte ich gar nicht früh genug aufstehen. Ich stellte mich ans Hotelzimmerfenster: Was sich dort unten abspielte, ließ mein Herz vor Freude hüpfen. Von überall strömten bunt gekleidete, Fahnen schwenkende, lachende Menschen herbei. Ein Reisebus reihte sich an den anderen und unter lautem Gehupe und Gerufe ließen die Anreisenden aber auch den allerletzten Langschläfer wissen, dass sie am Ziel angekommen waren.

Dieses Stelldichein des Volkes Gottes war schon etwas ganz Besonderes: Deutschland war erst kürzlich wiedervereinigt worden. Die trennende Mauer hatte ihre Schrecken verloren, und der Leib Christi aus Ost und West konnte ungehindert zusammenkommen und sich überall frei bewegen. Da, wo vor kurzem noch Hammer und Sichel an den öffentlichen Gebäuden der kommunistischen DDR geprangt hatten, stand jetzt auf einem Banner in großen Buchstaben geschrieben: „Jesus ist Herr".

Und aus den Mündern der vereinigten Christen schallte es wie mit einer Stimme: „Jesus ist Herr über Deutschland." Es wurde gesungen, gebetet, proklamiert und gelacht. Und dann zogen die ca. 60.000 Teilnehmer los. Eine kilometerlange Schlange bahnte sich den Weg durch die Straßen Berlins, laut singend und mit bunten Bannern, kleinen Fähnchen und Luftballons bewaffnet. Babys in Kinderwagen und Kleinkinder auf den Schultern ihrer Väter waren genauso mit von der Partie wie Behinderte in Rollstühlen und ältere Leute, die sich auf Spazierstöcke stützen mussten. Strahlender Sonnenschein war das Sahnehäubchen obendrauf.

Bei der Kundgebung am Brandenburger Tor tat das Volk Gottes Buße für vergangenes Unrecht, und Reinhard Bonnke brachte eine kurze evangelistische Botschaft. Etliche Zuhörer übergaben danach ihr Leben Jesus.

Doch für mich war ein anderes Geschehen das Highlight an diesem denkwürdigen Tag. Nachdem wir den Heiligen Geist um Vergebung gebeten hatten für die Ablehnung, die ihm Anfang des 20. Jahrhunderts in Deutschland entgegengebracht wurde, baten wir ihn flehentlich, unser Land wieder neu kraftvoll heimzusuchen. Was danach geschah, war sehr eindrücklich.

Der ganze Tag war heiß gewesen und nicht ein Lüftchen hatte sich geregt. Ganz plötzlich, nach einer Weile absoluter Stille, setzte auf einmal eine wunderbare Brise frischen Windes ein. Der Luftzug wurde so stark, dass die Notenblätter auf der Bühne durch die Gegend flogen, und gleichzeitig spendete der Wind eine kühlende Erfrischung. Das Geschehen vermittelte das bestätigende Gefühl: Gott hatte die vielen inbrünstigen Gebete erhört. Er ist wirklich gut. Wenn wir uns demütigen, beglückt er uns mit seiner Gegenwart, manchmal schneller als erwartet.

Der zweite „Marsch für Jesus“ in Berlin fand zwei Jahre später statt. Diesmal waren es ca. 75.000 Menschen. An Fröhlichkeit und Farbenvielfalt standen sie den ersten Marschierern in nichts nach. Ich war echt happy, vermitteln solche Veranstaltungen doch immer einen Hauch vom Himmel. Bei der Abschlusskundgebung im Olympiastadion versammelten sich allerdings nur noch etwa 55.000 Teilnehmer, das ließ das Stadion relativ leer aussehen. Zum Ende der Feier stand ich wieder mit beiden Beinen auf der Erde und atmete ganz ordinäre Luft ein, der Hauch vom Himmel war verflogen. Ernüchtert musste ich mich der Realität eines riesigen Schuldenberges stellen. Es brauchte etliche Monate, um diesen Berg abzutragen, aber zu guter Letzt kam ein Plus-Minus-Null heraus.

Im Nachhinein frage ich mich manchmal, wie ein Mensch es auf Dauer schaffen kann, in unzähligen Dingen gleichzeitig zu sein, ohne irre zu werden. Wahrscheinlich geht das nur mit Hilfe von treuen und hingegebenen Freunden und Mitarbeitern, wie ich sie zur Seite habe.

Ich war zweifelsohne wirklich gut herausgefordert, neben den Reise- und Predigtdiensten nahm die Arbeit vor Ort noch zu. Aber wenn Gott beruft, dann gibt er auch die Kraft, die Arbeit auszuführen. Und er schenkte mir erstaunlicherweise immer wieder genügend Zeit, um mich zu regenerieren.

Mittlerweile waren die vorhandenen Strukturen des Vereins FCJG bis an die äußersten Grenzen strapaziert. Wir beschlossen, einen weiteren Verein ins Leben zu rufen mit Namen „HELP International“. Dieser sollte ausschließlich für die Belange der Auslandszweige der FCJG zuständig sein sowie für humanitäre Einsätze. Martin und Gila übernahmen die Leitung über den gesamten Part. Die ersten Dienste in Manila und Bangkok und die Planungen verschiedener anderer Dienste in Asien, zum Beispiel in Nowosibirsk und Ulan Bator, nahmen ihre volle Konzentration in Anspruch.

Ich will nicht den Eindruck erwecken, dass bei den Neugründungen und Expansionen immer alles glatt und reibungslos vonstatten ging. Die Mobilisierung der Missionare war noch das geringste Problem, der eigentlich schwierige Teil war das Miteinander der einzelnen Teams vor Ort. Leute, die in Lüdenscheid ihren Mann gestanden hatten, knickten in der Ferne ein.

Mitarbeiter kamen mit ihren Gefühlen nicht mehr klar und zunehmend kompliziertere persönliche Schwierigkeiten wurden sichtbar. Eingesetzte Leiter brachen entweder unter der Last der Verantwortung zusammen oder entwickelten sich zu kleinen Tyrannen, die versuchten, andere zu befehligen. Dabei bedeutet doch biblische Leiterschaft eher Dienen als Herrschen und Sensibilität, um zu integrieren und nicht zu separieren. Gerade der Leiter in einer Pioniersituation sollte die Weite und Fähigkeit haben, nicht nur die Fernstehenden und Bedürftigen zu lieben, sondern besonders die eigenen, nahe stehenden Mitarbeiter mit einem doppelten Maß an Liebe zu tragen. Sie sind es, die einen hohen Preis von Hingabe und Aufopferung bezahlen.

Die Leiterschaft in Lüdenscheid war nicht selten gefragt, ordnend einzugreifen. Das ging nicht immer ohne Schmerzen ab, aber ist wohl Teil jedes Lernprozesses. In einer homogenen Gemeinschaft wie der FCJG bleiben Defizite und Schwächen eher verborgen, aber draußen auf dem Missionsfeld, in völlig fremden Kulturen, wo man allem ungeschützt ausgesetzt ist, kommen Mängel und Fehler sofort ans Tageslicht. Dieser Lernprozess wird wohl unser lebenslanger Begleiter bleiben.

In der FCJG macht ein Sprichwort die Runde: „Bei uns ist nichts so sicher wie die Veränderung“, ebenso der Slogan: „Sei flexibel, sagt die Bibel.“ So sind wir auf dem Weg, versuchen die Mitarbeiter besser vorzubereiten und auszurüsten, und gemeinsam geben alle ihr Bestes. Defizite und Schwächen werden uns nicht davon abhalten, alles zu tun, wozu Gott uns beauftragt hat. Auch der Begriff „Learning by doing“ gilt uns viel. Nur wenn man mutig ist und das Land einnimmt, weiß man später, wie es aussieht und welche Schätze es birgt. Wenn man sich durch eigene Unzulänglichkeiten abhalten lässt, wird man auf der Stelle treten und im selbst gestampften Loch versinken.

Thomas und Susanne Barthel übernahmen die Verantwortung für die Mitarbeiterschule, ein befreundetes Ehepaar aus Nürnberg.

Für die neuen Hauskirchen in der Stadt war der Verein „Foundry" entstanden. Die Leitung hatten Axel und Angela Wendt übernommen, langjährige Freunde, die bereits seit dem Start der FCJG mit von der Partie gewesen waren. Beide Ehepaare sind ein wahrer Segen, so konnten die anstehenden Dienste auf weitere Schultern verteilt werden.

Zwischenzeitlich war mein erstes Buch „Help – 1 need somebody" erschienen und hatte sich zu einem wahren Renner entwickelt. Absolut lesenswert für jeden, der daran interessiert ist, meine Lebensgeschichte ausführlicher zu erfahren. Es erzählt die Geschichte meiner Kindheit und Jugend, meine Karriere in der Hippiezeit und meine lebensverändernde Bekehrung zu Jesus bis zum Einzug in den Wiedenhof. Bis zum heutigen Tag ist es in neun Sprachen übersetzt worden, und die Resonanz, die ich aus aller Herren Länder bekomme, ist durchweg positiv.

Als Beispiel will ich nur eine bemerkenswerte Geschichte erwähnen. Eine deutsche Frau, die in Peru wegen Drogenmissbrauchs im Gefängnis saß, hatte von Christen ein deutsches Exemplar geschenkt bekommen. Sie las es, war bis ins Tiefste erschüttert und bekehrte sich. Sie schrieb mir daraufhin einen herzergreifenden Brief.

„Jetzt bist du mein Bruder!“

Walter, wir müssen unbedingt in die Mongolei fahren. Die sind so arm, die brauchen Hilfe.“ Vor mir stand ein Pulk Teenager und alle redeten gleichzeitig auf mich ein. Auf meine Frage, ob sie überhaupt wüssten, wo die Mongolei liegt, schüttelten die meisten von ihnen nur den Kopf und meinten lapidar: „Das kann man ja rauskriegen.“ „Typisch Kids“, ging mir durch den Kopf, und damit hakte ich das ganze Thema ab.

In einer der nächsten Nächte träumte ich von einem großen Menschenauflauf. Ich stand vor ihnen und predigte das Evangelium. Dabei blickte ich in asiatisch wirkende Gesichter. Allerdings konnte ich sie in keines der mir bekannten Länder einordnen.

Wiederum ein paar Tage später bekam ich Besuch von einem indischen Missionar, der durch Deutschland tourte. Er brachte einen Haufen Fotos mit. Einige fielen auf den Boden, und als ich eines davon aufhob, guckte ich in genau die Gesichter aus meinem Traum: „Wo ist das und was sind das für Menschen?" „Das sind Mongolen, sie sind sehr offen für Jesus", meinte mein Bekannter.

Jetzt ging mir ein Licht auf: Hier war Gott am Werk.

In Windeseile beauftragte ich einige Mitarbeiter, alle Informationen über das Land und die Leute zusammenzutragen, die sie nur kriegen konnten. Mongolei, das Land des Dschingis Khan, bevölkert mit wilden Reitern, die die Steppe auf ihren Pferden durchkämmten und in Zelten hausten. Nomaden von eher rauer Natur, um es gelinde auszudrücken.

Bei den Leitern und der Gemeinschaft kam der Gedanke gut an, diesem weit entfernten exotischen Land einen Besuch abzustatten, und bereits einige Wochen später fand der Aussendungs-Gottesdienst oben auf dem Fußballplatz der Wislade statt. Um die dreißig Leute in einigen Kleinbussen und ein Vierzig-Tonnen-Truck, voll beladen mit Hilfsgütern, standen bereit, das Abenteuer zu wagen. Die Hinreise sollte drei Wochen dauern und über Polen, Weißrussland und Sibirien in die Westmongolei gehen. Ich würde direkt nach Nowosibirsk fliegen und dort zum Konvoi stoßen. Von da aus wollte auch ich den Rest der Reise auf dem Landweg zurücklegen. Noch in derselben Nacht fuhren sie los.

Schon in aller Herrgottsfrühe am nächsten Morgen klingelte mich das Telefon aus dem Bett. Wieder einmal war mein Freund Helmut am Apparat, wieder einmal mit einer Hiobsbotschaft: „Walter, setz dich erst mal hin." Wenn er schon so anfing, konnte nur eine Katastrophe folgen. Der riesige Truck war achtzig

Kilometer vor Warschau aus einer Kurve getragen worden. Alle Hilfsgüter waren auf dem Asphalt gelandet und der Laster, der ganze Stolz, lag mit Totalschaden auf die Seite umgekippt im Straßengraben. Der Fahrer hatte sich nur leicht verletzt, Gott sei Dank, aber das ganze Team war geschockt.

Was tun? Helmut fuhr als Trouble Shooter unverzüglich zur Unfallstelle und brachte erst einmal Ruhe ins Chaos. Der nächste Anruf hörte sich dann schon verheißungsvoller an. Ein Teil der Teilnehmer wollte nach Lüdenscheid zurückkommen, der andere Teil unter Helmuts Leitung weiterfahren. Weder Helmut noch ich dachten in dem Moment an die Grenzen und an die Visa, die er brauchen würde, um die Grenzen zu überqueren. Auch hatte er nicht einmal die nötige Ausrüstung für ein paar Tage dabei, geschweige denn für eine mehrwöchige Reise.

Zwei Wochen später flog ich, wie abgemacht, nach Nowosibirsk, um das Team zu treffen. Aber sie kamen und kamen nicht. So hatte ich Zeit, die Stadt zu erkunden. Nach dem Zerfall des kommunistischen Systems in der Sowjetunion und dem Riss im Eisernen Vorhang ging die Schere zwischen Arm und Reich in Russland immer weiter auseinander. Mir begegneten viele bettelnde Menschen in den Straßen. Vor allen Dingen alte Leute schienen von den umwälzenden Ereignissen in dem gigantischen Land extrem betroffen zu sein.

Ich entdeckte eine alte Frau, die so verkommen und verdreckt aussah, dass man in ihr kaum ein menschliches Wesen erkennen konnte. Sie kniete vor einer Pfütze am Straßenrand und trank wie ein Hund das ölig-schmutzige Wasser. Danach versuchte sie sich damit ein wenig zu waschen. Ein paar Meter weiter hockten einige Omas im Eingang einer öffentlichen Toilette, wo sie ein paar Rubel erbettelten. Es stank hundserbärmlich. Dann sprach mich ein Greis an und bat um etwas Geld. Sein total abgewetzter und verdreckter Armeemantel hing an seinem ausgemergelten Körper herunter. An seinem Revers hefteten die Orden und Medaillen lang vergangener glorreicher Tage. Gab es denn niemanden, der sich um diese armen Menschen kümmerte?

Nicht ganz drei Jahre später gingen treue Mitarbeiter der FCJG in diese graue Stadt und bauten dort eine Suppenküche für gerade die Menschen auf, die durch das soziale Netz gefallen waren. Dazu kamen noch Dienste auf der Müllkippe und an anderen Brennpunkten. Das verhalf wenigstens einigen wenigen zu einem menschenwürdigeren Leben.

Endlich, nach vielen Tagen Verspätung, traf das Team in Nowosibirsk ein. Ich war unendlich froh, alle gesund und munter wiederzusehen. Das Wetter hatte ihnen böse mitgespielt. Die Kleintransporter waren auf den aufgeweichten, lehmverschmierten, nassen Straßen von einer Böschung in die nächste gerutscht. Dementsprechend sahen die Abenteurer aus, am ganzen Körper bedeckt von verkrustetem Dreck. Eine Frau aus dem Team fehlte. Sie war in einen Schacht gefallen und hatte mit mehreren Rippenbrüchen im Hospital von Brest zurückgelassen werden müssen.

Nach zwei Tagen Ruhepause setzte sich der kleine Trupp erneut in Richtung mongolische Grenze in Bewegung. Frisch dazugekommen waren zwei russische Fahrer und ein angemieteter Bus, neue auf dem Schwarzmarkt erworbene Hilfsgüter sowie meine Person.

Am Grenzübergang raus aus Sibirien kam für Helmut das längst überfällige „Aus“. Bis hierher war keinem Grenzposten auch nur ansatzweise aufgefallen, dass er überhaupt keine Visa in seinem Pass hatte. Aber nun entdeckte es ein aufmerksamer Grenzer und verweigerte ihm die Ausreise. Um das nötige Visum zu besorgen, schickte ihn der Grenzbeamte 1000 km mit dem Flugzeug zurück nach Bernaul. Der Flug kostete zwar nur lächerliche fünfundzwanzig Dollar, aber ich war mir in diesem Augenblick nicht so ganz sicher, ob ich Helmut in diesem Leben je wiedersehen würde.

Für den Rest der Truppe ging es weiter, zunächst durch zwanzig Kilometer Niemandsland, dann endlich über die Grenze des verheißenen Landes. „Welcome to Mongolia“ stand überall auf ziemlich verwittert aussehenden Schildern zu lesen. Aber ehrlich gesagt, ich fühlte mich nicht sehr willkommen, eher kam ich mir ein wenig verloren vor. Wie sollte man in dieser Einöde auch nur annähernd die Himmelsrichtung ausmachen, in die wir fahren mussten? Außer Steppe, Steinen und ein paar Hügeln konnte ich nichts ausmachen, was uns beim Orientieren hätte helfen können. Und um den angeheuerten ortskundigen Scout am verabredeten Treffpunkt zu treffen, war unsere Gruppe um eine ganze Woche zu spät dran.

Aber darin sollte ich mich irren. Ich hatte nicht bedacht, dass für die Menschen in dieser Region der Welt die Uhren anders ticken. Ein wild und verwegen aussehender Mongole stellte sich mir als Reiseleiter vor. Er hatte die ganze Zeit geduldig auf uns gewartet und drängte nun verständlicherweise zum Aufbruch.

Die Grenze befand sich auf einer Höhe von ca. 3000 Metern, und es gab keinerlei Straßen- oder gar Hinweisschilder. Warum auch? Wozu Schilder, wenn es keine Straßen gibt? Das einzige, was ich wusste, war, dass das Ziel *Ölgiy* hieß und die Hauptstadt der Westmongolei ist. Mit einer Durchschnittsgeschwindigkeit von 25 Stundenkilometern holperten wir durch die mongolische Steppe. Nach einigen Stunden knochenbrechender Tortur meinte unser mongolischer Freund wie aus heiterem Himmel: „Jetzt rechts!" Warum und wieso er das wusste, ging über meinen Horizont. Es sah alles gleich aus. Er führte uns hoch in die Berge. Bei mir machte sich ein flaues Gefühl im Bauch breit und ich argwöhnte, hinter jedem Felsen könnten Ali Baba und die vierzig Räuber lauern, um uns auszuplündern. Meine vertrauensselige Seite hatte im Moment nicht gerade die Oberhand.

Oben auf dem Gipfel des Berges angekommen, blickte ich in ein wunderschönes Tal und fühlte mich dabei in die Zeit Abrahams versetzt. Die Talsenke war übersät mit runden Zelten, unzähligen Pferden, massenhaft Schafen und ebenso vielen Ziegen. Ein wunderschöner Fluss schlängelte sich durch saftiges Grün und, oh Wunder, nirgendwo waren Telefondrähte oder elektrische Leitungen zu entdecken. Der Mongole erklärte mit feierlicher Stimme: „Das ist meine Sippe. Wir werden hier übernachten."

Seine nächste Eröffnung ließ mich aufhorchen und fast die bezaubernde Szenerie vergessen: „Könnt ihr bitte einen Stein suchen und ihn auf den Altar dort legen. Wir sind Schamanen und es ist Brauch, dass kein Fremder das Dorf betreten darf, ohne vorher unsere Götter und Ahnen zu ehren. Durch das Niederlegen des Steins achtet ihr die Sitten meines Volkes.“ Ich stierte verdutzt auf den Steinhaufen und die kleinen Fähnchen, die im Wind flatterten, und fragte mich verwirrt: „Was nun, was tun?“

Auf der einen Seite wollte ich diesen wirklich netten Mann nicht vor den Kopf stoßen oder gar verletzen, auf der anderen Seite erlaubte mir mein Glaube eine solche Handlung absolut nicht. Hier war guter Rat teuer. Die anderen aus dem Team schauten auch nicht intelligenter drein als ich. Und so machte ich den Vorstoß: „Weißt du, mein Gott erlaubt mir nicht, mich vor anderen Göttern zu verbeugen. Er ist der Chef aller Götter, und ich kenne ihn persönlich. Vielleicht tut es eurer Sitte Genüge, wenn meine Freunde und ich an dieser Stelle unseren Gott anbeten. Ist das okay für dich?“ Dass ich behauptete, den „Chefgott“ persönlich zu kennen, entlockte dem Mongolen ein perplexes „Wirklich?“, aber es stellte ihn zufrieden.

So erhoben alle aus dem Team ihre Stimmen und Herzen und sangen: „Jesus, heilig und gesalbt bist du, Jesus, auferstanden und erhöht, Jesus, Jesus, Jesus.“ Die Gegenwart Gottes manifestierte sich sofort und als der Gesang verstummte, stand der mongolische Freund mit Tränen in den Augen neben uns. Er bekehrte sich später und mit ihm sein ganzes Haus, als einige Teammitglieder für sein kleines, sehr krankes Baby beteten und es gesund wurde. Diese Anbetungszeit dicht neben einem Götzenaltar war eine der schönsten in meinem Leben und wird für immer in meinem Gedächtnis haften bleiben.

Im Tal wurden wir von sehr freundlichen Menschen empfangen und aufgenommen. Ein komplettes Schaf schmurgelte schon im Topf und ein zweites wartete darauf, vom gleichen Schicksal ereilt zu werden. Dessen Hinrichtung konnte ich glücklicherweise im allerletzten Moment stoppen.

Nach dem sehr exotischen Essen, von dem ich nur zaghaft kostete, kam der Stammesführer mit einer Überraschung um die Ecke. Er präsentierte uns einige junge Schönheiten des Dorfes und erklärte mit breitem Grinsen, es sei hier Sitte, die frisch verheirateten Frauen fremden Besuchern für die erste Nacht zu überlassen. Und natürlich würden auch die Dienste unserer Frauen sehr gerne als Gastgeschenk angenommen.

Wie diese Offenbarung im Team aufgenommen wurde, brauche ich wohl nicht zu beschreiben. Kultur-Sensibilität hin oder her, hier war ein klares Statement vonnöten. Es platzte förmlich aus mir heraus: „Das erlaubt unsere Religion überhaupt nicht. Unser Gott wäre darüber sehr böse. Dieses Risiko werden wir auf keinen Fall eingehen.“

Resultat: Unsere Frauen schliefen im abgeschlossenen Bus. Die Männer richteten sich in den verschiedenen Zelten ein, natürlich ohne weibliche Begleitung. Ich schlug mein Lager unter einem Götzenaltar auf, stellte mich im Gebet unter den Schutz des Chefgottes und schlief auch prompt wie ein Bär die ganze Nacht durch.

Spät am Abend des folgenden Tages erreichten wir Ölgiy, ein total kaputtes und armes Kaff. Das Hotel, in dem wir Quartier bezogen, war eines der schäbigsten, das ich je gesehen hatte, und das will etwas heißen. Wieder einmal fühlte ich mich wie der Hauptdarsteller in einem völlig falschen Film.

Ganz zufällig lief ich vor dem hässlichen Gemäuer Helmut in die Arme. Mensch, war ich froh, ihn zu sehen! Er hatte eine wahre Odyssee hinter sich. In Bernaul hatte er beim besten Willen kein Visum holen können. Es gab dort überhaupt kein Amt dafür. Ein Deutsch sprechender Arzt brachte ihn freundlicherweise zu seinem besten Freund, dem Bürgermeister. Und der drückte ihm kurzerhand seinen Stadtstempel in den Pass, mit der bezeichnenden Bemerkung: „Die Grenzer haben sowieso keine Ahnung. Hauptsache, sie bekommen irgendeinen Stempel vor die Nase gehalten.“

Der Rückflug war ein wenig teurer gewesen, dreißig Dollar und zwei Flaschen Wodka – wobei die Pullen mit dem Piloten zusammen ins Cockpit verschwanden. Helmut hatte deshalb den ganzen Flug über gut zu beten, denn er machte sich Sorgen, die Flaschen könnten bei der Landung vielleicht leer sein. Der Stadtstempel zeigte seine positive Wirkung, alle Grenzer waren zufrieden. Endlich hinter der Grenze, fand Helmut einen LKW-Fahrer, der ihn direkt bis Ölgiy mitnahm.

Ich wollte Helmuts Enthusiasmus ja nicht dämpfen, konnte mir aber nicht verkneifen, ihn zu warnen: „Die wirklichen Probleme mit dem Stempel, der kein Visum ist, bekommst du in Moskau am Flughafen, wenn es nach Deutschland zurückgeht.“

Aber das war noch lange hin, mich beschäftigten andere Dinge viel mehr, zum Beispiel, wie man in solch einem exotischen Land mit der Bevölkerung in Kontakt kommen oder sogar zu ihnen predigen konnte. Ich sprach weder Mongolisch noch Russisch und die Leute wahrscheinlich kein Deutsch. Schon vor meiner Abreise hatte ich dieses Problem im Gebet zu Gott gebracht und ich meinte damals gehört zu haben, ich würde meinen Übersetzer auf der Straße finden. Und so war ich besonders auf Antenne, als ich mit Helmut am nächsten Tag betend durch die Straßen der grauen Stadt ging. Und tatsächlich, eine junge Mongolin auf einem uralten Motorrad stoppte direkt vor uns und fragte in beinahe akzentfreiem Deutsch: „Seid ihr aus Deutschland? Herzlich willkommen in Ölgiy. Was macht ihr hier?“

Hier stand „er“ bzw. „sie“ vor mir, meine Gebetserhörung. Sie hatte in der ehemaligen DDR studiert und sprach fließend gutes Deutsch. Ist es nicht fast zum Lachen? Gott benutzt den Kommunismus und dessen Früchte, um sein Reich zu bauen. Er führt eine junge, kommunistisch erzogene Mongolin in ein kommunistisches Land, um Deutsch zu studieren, um dann, zurück in ihrer Heimatstadt, den meist moslemischen Bewohnern das Evangelium von Jesus zu übersetzen.

Natürlich musste ich mit ihr von der Pike auf anfangen und ihr erklären, was wir in ihrer Heimatstadt wollten. Sie war keine Christin, hatte keine Ahnung vom christlichen Glauben und saß somit regelrecht staunend vor mir. Ich verbrachte einen halben Tag damit, ihr aus der Bibel vorzulesen und sie mit dem vertraut zu machen, was sie da eigentlich übersetzen sollte. Aber sie war eifrig bei der Sache und nicht zu bremsen, als es um einen Termin beim Bürgermeister ging.

Am nächsten Tag begegnete ich ihr im Bürgermeisteramt wieder. Sie hatte einige Zeit auf den Mann eingeredet, bevor es mir gelang, ihre Aufmerksamkeit zu gewinnen. Auf die Frage, ob sie dem Bürgermeister von den Hilfsgütern erzählt habe, meinte sie ein wenig verlegen, sie habe ihm eigentlich nur aus dem dicken schwarzen Buch erzählt. Das war ja wunderbar. Sie war schon missionarisch aktiv, bevor sie ihr eigenes Leben Jesus gegeben hatte. Ich hätte einiges dafür gegeben, ihre Version des Evangeliums verstehen zu können.

Dem Stadtoberhaupt von Ölgiy waren Helmut und ich ein wenig unheimlich. Er wusste nicht so recht, was er mit uns anfangen sollte. Also fragte ich ihn einfach einmal, ob ich mit ihm beten dürfe. Er hatte keinen blassen Dunst, was es damit auf sich hatte. Geduldig erklärte ich ihm, ich würde den Chef aller Götter kennen, der ihn und seine Stadt liebt. Wir würden gerne die Hände auf seine Schulter legen und dann mit dem Chefgott über ihn sprechen. Ob er das erlaubte? Er willigte ein, krallte sich am Schreibtisch so fest, dass seine Knöchel weiß hervorstanden, und fixierte uns dabei mit weit aufgerissenen Augen.

Helmut und ich beteten und prophezeiten über ihn. Dabei fing er mächtig an zu schwitzen. Die Dolmetscherin sprach immer leiser. Die Mongolen flüstern fast, wenn Dinge sehr wichtig sind. Nach den Gebeten fragte der Bürgermeister erstaunt: „Wer seid ihr wirklich?“ Ich erklärte ihm, wir seien Botschafter an Christi Statt und wollten der Stadt Gutes tun, und wir hätten eine Botschaft für sie.

Daraufhin fing der Bürgermeister an für uns zu denken und eine Strategie zu entwerfen: „Ihr müsst dorthin gehen, wo die meisten Menschen sind, auf den Schwarzmarkt. Geht zum städtischen Radio und ladet die Leute per Rundfunk zu den Veranstaltungen ein. Ich werde dem Polizeichef Bescheid geben, er ist mein Freund, und er wird euch mit seinen Beamten beschützen. Viele Mongolen sind nämlich nachmittags ab drei schon mit Wodka abgefüllt und werden dann sehr schnell aggressiv.“

Der Mann organisierte unsere Evangelisation. Und noch besser, alles traf präzise so ein, wie er es geplant hatte. Am glücklichsten schien die mongolische Übersetzerin zu sein. Man konnte in ihren Augen sehen, Gott hatte schon ihr Herz für seine Liebe weit aufgetan. Später bekehrte sie sich.

Das einzig Essbare, das wir in den Läden der Stadt fanden, war eine kleine Dose Ananas aus China. Die Dimension der Armut war erschreckend. Wie man unter solchen Verhältnissen überleben konnte, war mir ein Rätsel. Das Team war gezwungen, von den eigenen Hilfsgütern zu leben. Ständig gingen kleine Trupps betend durch die Straßen, und jeden Tag verteilten sie Lebensmittel an die Bevölkerung. Dabei ergaben sich gute Möglichkeiten, für Leute zu beten und zur täglichen Evangelisation einzuladen. Die Crew aus Deutschland war wirklich super. Sie waren ununterbrochen im Einsatz. Mir bot sich die Gelegenheit, für die Nachmittags-Evangelisationen auf dem Schwarzmarkt im Radio zu werben.

Zweifellos gipfelte dieser Einsatz in den Treffen auf dem Schwarzmarkt. Aus ein paar Baumstämmen hatten wir eine kleine provisorische Bühne gezimmert und sie mit eine Schnur und einem geringen Abstand gesichert. Die ziemlich ramponierte Anlage musste leider jeden Tag aufs Neue aufgebaut werden, reichte aber aus, den ganzen Platz gut zu beschallen.

Schätzungsweise 5.000 Menschen hörten bei jedem Meeting das Evangelium, wobei natürlich nicht alle voll konzentriert bei der Sache waren. Rechts und links verramschten sie alles Mögliche und Unmögliche, und die Männer tranken dabei Unmengen Wodka. Seltsamerweise ließen die Mongolen alles stehen und liegen, sobald wir anfingen anzubeten. Dann hörten sie neugierig zu, und viele wunderbare Dinge geschahen in der Kraft des Heiligen Geistes. Jeden Nachmittag beteten Hunderte das Übergabegebet zu Jesus. Und viele bekundeten körperliche Heilung und Befreiung.

Gleich in den ersten Tagen geschah etwas Außergewöhnliches. Am Ende der Evangelisation kam ein uralter Mann nach vorne und wollte unbedingt auf die Bühne. Ich war sehr skeptisch, man wusste ja nie, was da so auf einen zukam. Aber dann standen mir alle Haare zu Berge und ich merkte, wie Gänsehaut meinen Körper überzog. Ich erinnerte mich daran, den Mann bereits am frühen Nachmittag gesehen zu haben. Da war er jedoch blind gewesen und ich hatte nicht einmal Pupillen in seinen Augenhöhlen sehen können. Jetzt erzählte er überzeugend, wie er während der Anbetung die Kraft Gottes gespürt hatte und plötzlich alles sehen konnte. Seine schönen, leuchtenden Augen bezeugten das Wunder. Die Menge kriegte sich fast nicht mehr ein.

Das hatte zur Folge, dass ganze Dörfer angereist kamen in der Hoffnung, „Dr. Jesus“ zu begegnen. Man muss verstehen: In dieser Region der Erde, in der Westmongolei, gab es keine christlichen Kirchen, und das Evangelium war noch nie verkündigt worden. Ferner gab es so gut wie keinerlei Gesundheitsversorgung. Beinahe jeder war krank, und wenn ich dazu aufrief, die Hände auf kranke Stellen zu legen, wimmelte es nur so vor Händen. Die Zuhörer hatten nicht genug Hände, um alle kranken Stellen abzudecken, und so griffen sie an ihren geschundenen Körpern rauf und runter. Es war also nicht verwunderlich, dass sie von weit her angereist kamen, um diesen Dr. Jesus zu treffen und Linderung für ihre Leiden zu erbitten. Einmal, ich kam gerade aus dem Hotel, fuhr ein Mann auf einem alten Motorrad an mir vorbei und rief laut und freundlich: „Hallo, Dr. Jesus!“

Die bei weitem schönsten Zeiten während der Evangelisation waren die Anbetungszeiten nach den Bekehrungen. Sofort nach der Übergabe an Jesus beteten wir für die Erfüllung mit dem

Heiligen Geist und ermutigten die neuen Christen, gemeinsam mit uns Jesus anzubeten. Dabei gebrauchten wir fast ausschließlich die Worte „halleluja" und „Jesus". Anders konnten wir uns sowieso nicht verständlich ausdrücken. Und dann beteten wir im Heiligen Geist an. Abends versammelten wir die Neubekehrten, um zu hören, wie sie mit Jesus erlebt hatten.

Ich bin zutiefst davon überzeugt, dass es junge Christen im Glauben stark macht, wenn sie sofort nach ihrer Bekehrung den Namen Jesus vor anderen bekennen. Damit meine ich nicht, dass sie jemanden „mit der Bibel totschlagen", besonders fromm oder gar überzogen daherreden sollen, sondern dass sie andere an dem, was sie im Alltag erleben, teilhaben lassen. „Wes das Herz voll ist, des geht der Mund über" (Matthäus 12,34).

Jesus hat ganz deutlich klar gemacht: Wer ihn vor den Menschen bekennt, den bekennt er auch vor seinem himmlischen Vater. Und das hat sofort glaubensstärkende Auswirkungen auf das Leben des Jüngers.

Eines Abends kam ein Mann nach vorne. Er behauptete selber, er sei dämonisiert gewesen und von bösen und gewalttätigen Geistern gequält worden. „Die Menschen hatten Angst vor mir. Als du zum ersten Mal gepredigt hast, wollte ich dich mit diesem Messer umbringen", sagte er zu mir und zog dabei einen langen Dolch aus der Tasche. Mir wurde ganz anders zumute. Aber er strahlte übers ganze Gesicht. So atmete ich wieder durch und hörte gespannt, wie seine Story weiterging. Er zeigte auf zwei junge Mädchen aus unserem Team und erklärte: „Die haben die bösen Geister aus meinem Leben vertrieben. Und einen guten Geist eingeladen. Er heißt Jesus. Jetzt liebe ich ihn und habe Frieden." Dann kam er auf mich zu und ehe ich mich's versah, nahm er mich in die Arme, drückte mir den Dolch in die Hand und verkündete laut: „Jetzt bist du mein Bruder."

Der ganze Einsatz war geprägt von großartiger, göttlicher Einfachheit. Alles schien möglich zu sein. Oft lag ich abends im Hotelbett und fragte mich: „Ist das wirklich alles wahr?“ Hier lag eine ähnliche Situation vor wie die, die von Philippus überliefert ist:

> „Philippus aber kam hinab in die Hauptstadt Samariens und predigte ihnen von Christus. Und das Volk neigte einmütig dem zu, was Philippus sagte, als sie ihm zuhörten und die Zeichen sahen, die er tat. Denn die unreinen Geister fuhren aus mit großem Geschrei aus vielen Besessenen, auch viele Gelähmte und Verkrüppelte wurden gesund gemacht; und es entstand große Freude in dieser Stadt“ (Apostelgeschichte 8,5-8).

Viel zu früh kam die Zeit des Abschiednehmens. Aber keiner aus dem Team konnte es übers Herz bringen, die Neubekehrten sich selbst zu überlassen. So betete jeder: „Herr, soll ich hier bleiben?“ Tatsächlich entschieden sich zwei junge Männer, ein Österreicher und ein Deutscher, für weitere Wochen in der Mongolei zu bleiben und die Betreuung der neuen Gemeinschaft zu übernehmen.

Ich war mir relativ unsicher in der Angelegenheit. In meinen Augen waren die Jungen noch recht unreif und hatten keinerlei Erfahrung auf den Gebieten Gemeindegründung und Betreuung Neubekehrter. Außerdem gehörten sie nicht einmal zur FCJG. Alles typische Bedenken, die immer wieder auftauchen und die blockieren, wenn man sich von ihnen gefangen nehmen lässt.

Denn wann ist ein Christ reif genug, um für den Herrn brauchbar zu sein? Solange wir auf diesem Planeten leben, haben wir auf allen Ebenen mit Mängeln zu kämpfen, ebenso mit charakterlichen Schwächen, Problemen, sogar mit Sünde. Der Teufel liebt es, diese Dinge im Leben des Christen zu betonen. Er will ihn verunsichern und unfähig machen zu glauben, dass Gott ihn trotzdem gebrauchen kann und will. Doch der Teufel ist ein Lügner. Er hätte nur zu gerne, dass wir in die Falle des Perfektionismus geraten.

Durch die ganze Kirchengeschichte lässt sich erkennen, dass das Material, das Gott rund um den Globus zur Verfügung steht, mit Mängeln behaftet ist, voller Schwachheiten, Nöte und Defizite. Doch solange ein Mensch demütig ist und seine Schwächen und Sünden vor Gott und vertrauenswürdigen Menschen im Gebet ans Licht bringt, wird Gott immer Gnade geben. Ich bin sogar überzeugt davon, und deswegen sage ich ganz ungeschminkt: Übertriebene Seelsorge, die Fehlerlosigkeit zum Ziel hat, macht die Menschen eher beladener und kranker als sie zu befreien.

Wenn wir uns um die Anliegen Gottes kümmern, kümmert er sich um unsere Anliegen:

> „Brich dem Hungrigen dein Brot, und die im Elend ohne Obdach sind, führe ins Haus! Wenn du einen nackt siehst, so kleide ihn und entzieh dich nicht deinem Fleisch und Blut! Dann wird dein Licht hervorbrechen wie die Morgenröte und deine Heilung wird schnell voranschreiten und deine Gerechtigkeit wird vor dir hergehen und die Herrlichkeit des Herrn wird deinen Zug beschließen“ (Jesaja 58,7-8).

So ermutige ich alle, die Jesus lieben, egal wie jung oder alt im Glauben: Stell dich ihm zur Verfügung, so wie du bist, denn dazu bist du von Gott erschaffen. Er hat eine einmalige Aufgabe für dich in dieser Welt, die niemand anders tun kann als du allein. Es ist der Sinn deines Lebens, dies zu entdecken und dann voller Leidenschaft und Hingabe an Jesus und die Menschen zuzupacken. Du lebst auf dieser Erde, um sie besser zu machen. Und wenn du einmal stirbst, dann sollst du eine Leuchtspur hinterlassen und keinen Scherbenhaufen.

Da waren also diese beiden jungen Männer und stellten sich Gott und seinem Werk in der Mongolei zur Verfügung. Das Team legte ihnen die Hände auf, segnete sie und befahl sie so der Gnade Gottes und dem Werk seiner Hände an. Dann packten alle anderen ihre Siebensachen zusammen, und es ging auf abenteuerliche Weise zurück nach Hause.

Helmut und ich flogen aus Zeitgründen von Nowosibirsk über Moskau nach Düsseldorf. Auf dem Moskauer International Airport zeigte Helmut seinen Pass, und es kam, wie es kommen musste. Auf die Fragen, wo er denn überhaupt herkomme und wie er von Deutschland aus dahin gekommen sei, berichtete Helmut in gebrochenem Englisch über seine verwunderliche Exkursion. Der Grenzer, des Englischen auch nicht wirklich mächtig, war schnell mit seinem „Latein“ am Ende. Die Verwirrung stand ihm im Gesicht geschrieben und seine Miene verdüsterte sich zusehends. Ich betete Sturm, viel anderes blieb mir ja nicht übrig. Die Wahrheit war nun mal so unglaublich. Ganz plötzlich, wie aus heiterem Himmel, schüttelte der Grenzbeamte den Kopf und brach in schallendes Gelächter aus. Er winkte Helmut durch mit den Worten: „Go, go, go …“

Dies war der Beginn des Dienstes von HELP International in der Mongolei. Ganz nebenbei: Die beiden jungen Männer, die wir zurückließen, machten ihre Sache ganz prima und bestätigten damit die These: Wenn wir wagen, wird Gott es richten … Wenige Wochen später, nachdem der erste Trupp wieder gesund in Deutschland gelandet war, ging das zweite

Team auf die Piste, um die beiden abzulösen, wieder mit einer Menge Hilfsgütern und wieder per Autos quer durch Polen, Weißrussland und Sibirien.

Die Mongolei gehörte ab da zur FCJG wie der Wiedenhof. Teams reisten ein und aus. Nur ein paar Jahre nach dem ersten Einsatz kam der Impuls, tausend Missionare ins Land des Dschingis Khan zu bringen. Einige Pastoren und Christen in Deutschland hielten mich für größenwahnsinnig, als ich ihnen von der Vision erzählte. Sie rechneten wahrscheinlich nicht mit dem Enthusiasmus und der Erweckungsluft, die zweifelsfrei alles umgab, was mit der Mongolei zu tun hatte. In den Neunzigern machten ja viele Christen eine ganz neue Erfahrung mit dem Geist Gottes, und das wirkte sich auch auf die Evangelisation aus. Der Heilige Geist liebt nichts mehr, als Menschen in eine persönliche Beziehung zum Vater zu führen. Das Generalthema der ganzen zweijährigen Aktion war bezeichnend. Es lautete: „Mit dem Heiligen Geist in die Ernte".

Christen aller Couleur, jeden Backgrounds, jeden Alters und jeder Prägung kamen nach Lüdenscheid, ließen sich trainieren und in den Samstagabend-Gottesdiensten aussenden, um dann für unterschiedliche Zeitabschnitte in die Mongolei abzutauchen. Manche gingen für vier Wochen, andere für sechs Wochen, einige sogar für ein halbes Jahr. Sie ritten auf Kamelen und Pferden und gingen zu Fuß, sie durchschwammen Flüsse, übernachteten in Jurten und aßen und tranken Undefinierbares. Sie flogen mit klapprigen Flugzeugen, deren Piloten manchmal dermaßen betrunken waren, dass sie irgendwo in der Pampa landeten anstatt am vorgesehenen Ziel. Die Teams bereisten flächendeckend ein Gebiet sechsmal so groß wie die Bundesrepublik, motiviert durch die realistische Hoffnung, eine ganze Nation mit dem Evangelium zu erreichen.

Innerhalb von zwei Jahren führten die tausend Teilnehmer mehr als 30.000 Mongolen mit einem persönlichen Gebet zu Jesus. Sie erlebten damit einhergehend Heilungen, Wunder, Zeichen und Versöhnungen. Sie sahen kleine Glaubensgemeinschaften entstehen, verteilten Hilfsgüter und ließen einfach ihre Herzen finden.

Während eines Einsatzes traf ich in Ulan Bator einen französischen Journalisten, der in Hongkong lebte. Er war beruflich unterwegs und sollte einen Bericht für seine Zeitung schreiben mit dem Thema: „Die Wiedergeburt des Buddhismus in der Mongolei“. Er erzählte von seiner ausgedehnten Reise durchs ganze Land und wie er überall auf neu bekehrte Christen gestoßen war. Kurzerhand änderte er das Thema, es lautete nun: „Die Geburtsstunde des Christentums in der Mongolei“. Dies war ein weiteres Indiz dafür, wie historisch der ganze Aufbruch des Reiches Gottes in diesem Land war.

Ich besuchte zweimal den mongolischen Präsidenten und berichtete ihm von den regen Aktivitäten der Teams. Als Geschenk überreichte ich ihm eine schöne russische Bibel, da es ja noch keine komplette Übersetzung in Mongolisch gab. Beim zweiten Besuch nahm ich einen befreundeten christlichen Geschäftsmann mit. Der Präsident lud ihn ein, die wirtschaftlichen und politischen Führungskräfte des Landes zu schulen.

Die Arbeit in der Mongolei ist seit dem ersten Einsatz im August 1992 kontinuierlich gewachsen und hat sich schwerpunktmäßig in die Hauptstadt Ulan Bator verlagert. Viele der Mitarbeiter der FCJG haben diese Arbeit über längere oder auch kürzere Zeit voller Verantwortung geleitet und unterstützt. In einer Anzahl von Städten kann man neu gegründete Gemeinden finden, selbst in der Wüste Gobi. Dazu entstanden etliche soziale Dienste. Und das Volk Gottes ist auf dieses Sandwich-Land zwischen China und Russland aufmerksam geworden. Heute kann man etliche andere Missions-Organisationen dort antreffen, die helfen, dieses schamanisch-buddhistische und auch moslemisch geprägte Land in der Kraft des Geistes Gottes zu transformieren.

„In deiner Gegenwart“ und die „Sommer der Liebe“

Auf lokaler Ebene in Lüdenscheid fieberten wir dem großen Worship-Event „In Your Presence“ entgegen. Zuvor war Irene mit einem Mitarbeiter in Langley in Kanada gewesen, um mit Brian Doerksen, Craig Musseau und Andy Park in Kontakt zu treten. Gerade die kanadische Vineyard-Musik hatte in den vorangegangenen Monaten im besonderen Maße die Gottesdienste und Andachtsstunden der Gemeinschaft inspiriert. Nun wollte man sie auch anderen Christen nahe bringen.

Mit der regen Hilfe der gesamten FCJG-Crew organisierte Helmut auf dem Lüdenscheider Schützenplatz eine beeindruckende Zeltstadt mit der nötigen Infrastruktur. Viereinhalbtausend Dauerteilnehmer reisten an. Neben den Musikern waren noch Jacky Pullinger-To und ihr Team aus Hongkong sowie

Mike Chance und Band aus Bad Gandersheim mit von der Partie. Außerdem stieß ein mehrköpfiges Gebetsteam aus den USA dazu, die die Veranstaltungen sowie das gesamte Camp nonstop im Gebet einbetteten.

Ein dermaßen umfangreiches Unterfangen stieß in Lüdenscheid auf allen Ebenen an Grenzen. Es fing bei den nicht ausreichenden Hotelbetten an und hörte bei Beschwerden wegen Lärmbelästigung auf. So musste noch im letzten Moment eine vierzig Meter lange, etwa viereinhalb Meter tiefe und vier Meter hohe Strohwand aufgebaut werden, um die Außenwelt akustisch ein wenig auszuschließen. Was es bedeutet, mitten im Sommer Hunderte Strohballen aufzutreiben, wissen wahrscheinlich nur Insider. Jedenfalls kostete es einen Bauern aus dem Münsterland etliche Stunden Schlaf. Er kam mit seinem Sattelschlepper, lieferte besagtes Stroh und in einer 24-Stunden-Nacht-und-Nebel-Aktion vieler fleißiger Helfer der FCJG wurde das Monster aufgestapelt und gesichert.

Am Tag vor der Eröffnungsveranstaltung drohte das Verbot des ganzen Unternehmens per einstweiliger Verfügung wegen Lärmbelästigung. Noch in der Nacht landete unser Widerspruch in Arnsberg beim Landgericht und mittags flatterte das Antwortschreiben ins Konferenzbüro, das dem ganzen Unterfangen grünes Licht gab. Bei all dem Auf und Ab könnte man fast zu der Überzeugung gelangen, „je angefochtener, desto gesalbter“ sei die Regel, denn scheinbar gehen wichtigen Ereignissen regelmäßig emotionale Achterbahnfahrten voraus.

Die Teilnehmer wussten von all den Turbulenzen natürlich nichts. Sie reisten froh gelaunt und voller Erwartung aus dem deutschsprachigen Raum und den Benelux-Ländern an und kamen aus unterschiedlichen Bereichen des Leibes Christi. Gott schafft es irgendwie immer, selbst aus den ausweglosesten Situationen einen Segen für seine Kinder zu machen. Durch die strengen Lärmauflagen waren die Sound-Techniker in der Pflicht, die Musik sehr leise abzumischen, was zur Folge hatte, dass ein herrliches Miteinander der Anbeter auf der Bühne und im Zelt entstand. Alle genossen die Zeit intensiver Harmonie. Manchmal flossen Tränen, manchmal schien das gesamte Zelt vor Jubel vom Boden abzuheben. Die einen wurden körperlich oder seelisch geheilt, andere wiederum erfuhren Versöhnung, etliche erlebten Gott, wie sie ihn zuvor noch nie erlebt hatten.

Nach den drei überaus eindrücklichen Tagen dieses Events war mir, als sei ein Zug über mich gerollt. Paradoxerweise fühlte ich mich gleichzeitig erfrischt und voller Hoffnung für alles, was noch kommen würde. Es war etwas Neues geboren worden, nicht nur für unsere Gemeinschaft, sondern für das ganze Land.

Das substantielle Resultat sind die „Come to the Light“-Veranstaltungen in der Lüdenscheider Schützenhalle, zu denen bisher mehrere zehntausend Besucher aus allen Teilen Westeuropas gekommen sind. Der Worship-Event hatte in allen eine Sehnsucht nach einem stärkeren und ausführlicheren Erleben der Gegenwart Gottes erweckt. Außerdem war der Glaube gewachsen, dass in der Anbetung einfach alles passieren kann.

„Come to the Light“ ist einzig und allein der Anbetung gewidmet. Predigen und andere Gepflogenheit spielen eine zweitrangige Rolle, und gerade das macht das Besondere an den Treffen aus. Weder die Band noch ich wissen, was nach dem ersten Lied passieren wird. Genau wie zu den Samstagabend-Gottesdiensten im Wiedenhof bereitet sich jeder Verantwortliche auf das Geschehen intensiv im Gebet vor, um dann voller Vertrauen ins Wasser zu springen und loszukraulen. Über die Jahrzehnte hinweg haben sich so eigene Mechanismen entwickelt, die mal mehr, mal weniger Frucht bringen.

Das Wunderbare ist, das Happening hat sich zu einem der erfolgreichsten Werkzeuge für Evangelisation entwickelt. Im Lauf der Jahre passierten hier die fabelhaftesten Geschichten.

Viele erleben körperliche Heilung oder werden von Bindungen befreit. Bezeichnend ist zum Beispiel die Story einer jungen Frau, die bereits seit Jahren unter manischen Depressionen litt. Sie kam in den Saal, bahnte sich ihren Weg bis in die Nähe der Bühne, fiel auf den Boden und blieb dort die nächsten Stunden liegen. Um sie herum standen, saßen und tanzten zweitausend Anbeter. Befreundete Mitglieder ihrer Gemeinde bezeugten einige Tage später, es gehe ihr viel besser und sie glaubten an ihre Befreiung.

Aber das Wichtigste ist und bleibt: Der Besucher kann seine Beziehung zu Gott dem Vater, zu Jesus und dem Heiligen Geist erneuern oder auch beginnen. Hier hat er die Möglichkeit, ein paar Stunden in der Liebe Gottes zu versinken und zu vergessen, was sonst noch so existiert. Diese Intimität ist das eigentlich Ausschlaggebende. Nicht selten werden so Perspektiven fürs ganze Leben verschoben.

Die unterschiedlichen Besucher tun das Ihre dazu, den Event zu etwas Besonderem zu machen. Neben dem bereits seit der Kindheit bekehrten Christen steht der tätowierte ehemalige Knacki, das mit dem neusten Piercing geschmückte Mädchen sitzt neben dem Pastor, und die Mutti von nebenan betet mit dem Drogenabhängigen, der aus stecknadelgroßen Pupillen vor sich hinstiert. Teenies feiern inmitten all dem Gewühl ihre eigene Fete und die Kleinen sind begeistert, überhaupt so spät am Abend dabei sein zu dürfen. Eben das normale Bild der Familie Gottes. Jung und alt, bekehrt und unbekehrt, geheilt und verletzt, fröhlich und trauernd, lachend und weinend, alle kommen sie zusammen, um für ein paar Stunden in Jesu Licht fröhlich zu sein.

Was auch noch begeistert: Mittlerweile sind deutschlandweit einige Worship-Nights entstanden und die Anbetung generell hat einen weitaus höheren Stellenwert in der Gemeinde eingenommen.

Etliche Jahre nach der großen Krise stand ich immer noch alleine mit meiner Gitarre vorne und leitete die Anbetung, bis auf wenige Ausnahmen. Der eine oder andere Mitarbeiter unterstützte mich zwar, aber scheinbar hatten sich die anspruchsvolleren Klänge nun mal mit den Musikern gemeinsam verabschiedet. Ich war es einfach leid.

An einem der Mitarbeiterabende lud ich jeden ein, der ein Instrument spielen und einigermaßen gerade singen konnte, mit mir zusammen vorne zu stehen und die Anbetung zu begleiten. Das war die Freisetzung. Nach anfänglich ohrenstrapazierendem Chaos formierte sich eine erste feste FCJG-Anbetungsband mit regelmäßigen Probezeiten. Später entwickelte sich aus ihr, mit wechselnder Besetzung, die heute unter dem Namen „Tengerin Doo“ bekannte Gruppe, was übrigens mongolisch ist und so viel wie „Klang des Himmels“ oder „Himmelslied“ bedeutet. Sie ist auch die Haus-Band für „Come to the Light“.

Die Grundlage der uns eigenen Art der Anbetung hat sich über die Jahre hinweg nicht verändert. Wir lieben es mehr denn je, uns in Anbetung zu verlieren, die Geistesgaben zu praktizieren, uns gegenseitig die Hände aufzulegen und zu beten, Bibelworte zu singen und zu zitieren, durch prophetische Worte zu ermutigen oder auch einfach nur Musik zu machen. Alles geschieht spontan, und davon lebt es. Dass Anbetung etwas mit musikalischer Begabung zu tun habe, ist ein Irrtum, dem leider viele verfallen.

Wirkliche Anbetung entsteht in einem demütigen Herzen und drückt sich im Alltag und in Beziehungen aus.

Es kommt nicht selten vor, dass Tengerin Doo oder eine der anderen FCJG-Bands zu Beginn eines Gottesdienstes mit ihren Instrumenten auf der Bühne steht und sich fragt: „Mit welchem Lied fangen wir an?“ Es gibt keine vorher ausgesuchten Songs, die dann von einer Liste abgespielt werden. Passt ein alter Choral ins Bild, wird er angestimmt, entspricht ein fetziger Song mehr der Stimmung, ist das auch okay. Hauptsache, die Texte sowie die Musik unterstreichen das, was im Raum steht, und fördern den Fluss des Ganzen. Wenn es gelingt, die Gottesdienstbesucher auf diese Reise mitzunehmen und sie in die Gegenwart Gottes zu führen, ist das Ziel erreicht.

Auch die Verantwortlichen auf der Bühne, Prediger sowie Leiter, bemühen sich, jederzeit für das Geisteswirken offen zu sein und dann auch irgendwie in angepasster Form darauf zu reagieren. Wenn wir denken, der Heilige Geist möchte in eine andere Richtung gehen als vorher angenommen, schmeißen wir auch mal die Predigt über den Haufen oder verabschieden uns ganz von ihr. Ein fester Bestandteil der Gottesdienste ist der Aufruf zur Bekehrung.

Der Dienst von „Tengerin Doo“ ist hauptsächlich evangelistischer Natur. Nur sehr selten spielen sie bei christlichen Versammlungen, außer natürlich bei FCJG-internen Veranstaltungen. Die Band sieht ihren Auftrag darin, das Licht der Anbetung an dunkle Orte dieser Welt zu bringen. Wir reisten gemeinsam nach Sibirien, Indien, Österreich, innerhalb Deutschlands, in die Schweiz, in die Mongolei und auf die Philippinen. Wir gaben evangelistische Konzerte, spielten auf Müllbergen, am Strand, in Zirkusarenen, auf Hochhäusern, in Stadien, auf Schiffen, im Gefängnis und auf Bergen. Oft beteten wir einfach nur prophetisch an und proklamierten Gottes Güte und Jesu Befreiung über Städten und Ländern.

Zweifelsohne war einer der Höhepunkte das Worship-Konzert in der Wüste Gobi. In Begleitung von drei befreundeten Fürbitterinnen aus den USA, einigen Lüdenscheider und mongolischen Mitarbeitern ging es per Flugzeug, LKW und Jeeps quer durchs Land. Erst nach drei Tagen knochenharter Anstrengung erreichte der Konvoi das Ziel, ein armes, fast im Staub versunkenes kleines Nest. Wir kamen in einer Bruchbude unter, deren Beschreibung ich mir besser erspare. Natürlich waren wir voll ausgerüstet, von Kochtopf und Waschschüssel über Verpflegung bis zur Musikanlage und Generator. Die Mongolei war damals noch so arm, dass man sehen musste, wie man klarkam. Aber alle waren guter Dinge, denn wir wussten genau, was wir dort taten, auch wenn es nicht danach aussah.

Die Band wollte inmitten von Sandhügeln ein Anbetungskonzert geben, wohlgemerkt ohne Zuhörer. Die Idee war, nur für Gott zu spielen und in Fürbitte für die Mongolei einzutreten. Klingt für manchen Außenstehenden vielleicht überspannt, aber wir glauben zutiefst daran, dass auf diese Weise Situationen und Umstände verändert werden können. Außerdem ist es einfach Gottes Recht, an allen Orten dieser Welt angebetet zu werden.

Endlich angekommen – es war hochsommerlich heiß –, fanden wir zwischen einigen Sanddünen einen geeigneten Platz. Als erstes errichteten wir einen Altar – absolut nichts Außergewöhnliches für die Mongolei. Nur sah dieser Altar ein wenig anders aus als die im Land überall verstreuten Steinhügel mit Fähnchen. Ein Kreuz wurde eingerammt und mit Steinen befestigt, auf denen die zwölf Stämme Israels und die Namen der zwölf Apostel geschrieben waren. Darunter begruben wir tief im Boden eine

Bibel, eine Anbetungskassette und Abendmahlsreste, die vorher aus aller Welt zusammengesammelt worden waren. Es war ein prophetischer Akt: Das Kreuz, Gottes Wort, Anbetung und die Angliederung an den weltweiten Leib Christi waren Ziel dieser Expedition. Nach einer ausgiebigen Gebets- und Fürbittezeit rollten wir die mitgebrachten Teppiche aus, bauten die Anlage auf, schmissen den Generator an und legten los.

Ich betete: „Herr, warum gerade wir?“ Die Antwort kam postwendend. „Ich habe keine anderen Narren dafür gefunden.“ Nicht gerade eine Antwort, nach der die Ohren jucken. Man hätte auch verletzt sein können, doch mir kam Paulus in den Sinn. Er hatte es als eine Ehre und Auszeichnung angesehen, Unverständnis zu ernten, und bezeichnete sich selbst als Narr für Christus. Dabei war er ein intelligenter und hoch gebildeter Mann gewesen.

In der Ferne sah ich zwei Jungen auf Pferden in unsere Richtung reiten. Sie setzten sich etwas entfernt auf eine Düne und hörten uns zu. Man stelle sich vor, mitten im einsamsten Nirgendwo, umgeben von absoluter Stille, Tonnen von Sand und streunenden Kamelherden, stehen ein paar seltsam aussehende Gestalten und klimpern vor sich hin. Kein Mensch würde ihnen das glauben. Und der Geist Gottes flüsterte mir zu: „Weil ihr das hier für Jesus tut, gebe ich euch die Jugend der Mongolei.“

Nach drei bis vier Stunden intensiver Fürbitte, Jubel, Danksagung, ausgelassener Freude, einigen prophetischen Akten, Tanz, Sonnenbrand und reichlich Schweiß verließen wir gegen Abend wieder die Wüste. Zum krönenden Abschluss fing es an in Strömen zu regnen. Am nächsten Tag blühte alles. Blumen, Gräser – es war einfach nur wunderschön anzusehen. Und der Herr sagte zu uns: „Das, genau das, werde ich auch mit der Mongolei tun.“

> „Die geistliche Wüste soll ein bewässerter Garten werden, eine Wasserquelle, der es nie an Wasser fehlt, und was lange wüst gelegen hat, will Gott wieder aufrichten“ (nach Jesaja 58,11-12).

Am nächsten Tag gaben wir ein evangelistisches Konzert in einem maroden Fußballstadion. Als ich die Leute aufrief, nach vorne zu kommen, um Jesus anzunehmen, rannte eine enorme Schar auf uns zu, um mit uns zu beten. Es waren fast ausnahmslos junge Erwachsene, Teenager und Kids. Der Stadiondirektor meinte zum Abschluss: „Ihr müsst einem wirklich fröhlichen und glücklichen Gott nachfolgen, denn solche Freude habe ich noch nie in diesem Stadion gesehen.“

Ich liebe es, bei Großveranstaltungen, mit denen viele ihre Probleme haben, zu predigen – ohne zu vergessen, dass Jesus dem Einzelnen dienen will.

Mich erwischte es als ganz junger Christ. Im Rahmen des „Christivals“ kam Billy Graham nach Essen, ich hörte ihn reden und war hin und weg. Die vielen Menschen im Stadion inspirierten mich und gaben meinen Träumen Flügel. Das wollte ich auch, so viele Menschen wie nur eben möglich mit der Liebe Gottes infizieren.

Auch Jesus scheute die Massen nicht. Das Gedränge um ihn herum war manchmal so einengend, dass die Leute sich gegenseitig traten.

> „Und als die Leute an diesem Ort ihn erkannten, schickten sie Botschaft ringsum in das ganze Land und brachten alle Kranken zu ihm und baten ihn, dass sie nur den Saum seines Gewandes berühren dürften. Und alle, die ihn berührten, wurden gesund“ (Matthäus 14,35-36).

Also sollten wir lieber die Massenveranstaltungen hier auf Erden als Übungsfeld betrachten, statt über sie zu maulen. Im Himmel wird uns Christen auch nichts anderes erwarten, es wird proppevoll sein. Wir sollten dem triumphalen Finale im Himmel entgegenfiebern und uns über die unzählbare Schar freuen – auch wenn uns vielleicht im Gewimmel einer auf die Füße tritt.

> „Danach sah ich, und siehe, eine große Schar, die niemand zählen konnte, aus allen Nationen und Stämmen und Völkern und Sprachen; die standen vor dem Thron und vor dem Lamm, angetan mit weißen Kleidern und Palmzweigen in ihren Händen, und riefen mit großer Stimme: Das Heil ist bei dem, der auf dem Thron sitzt, unserem Gott und dem Lamm“ (Offenbarung 7,9-10).

Gerade durch große Meetings haben viele Christen ihre Berufung empfangen oder die schon vorhandene bestätigt bekommen. Auf meinen vielen Reisen rund um die Welt traf ich oft ganz zufällig auf Christen, die bei dem einen oder anderen Event der FCJG entscheidend ermutigt worden sind, ihrer Berufung zu folgen.

So stand ich einmal in Hongkong mitten im Menschengewimmel an einer Straßenkreuzung, als mich plötzlich eine junge Frau am Ärmel fasste und mich anstrahlte: „Sie sind doch Walter

Heidenreich?“ Sie erzählte mir, wie sie auf einem der Events einen Ruf nach China bekommen habe und wenig später diesem Ruf gefolgt sei. Seit zwei Jahren arbeitete sie nun schon in einem befreundeten Missionswerk in Hongkong mit und schmuggelte regelmäßig Bibeln in die Untergrundkirche nach Mainland China. Während sie mir das erzählte, strahlte sie wie ein Engel über das ganze Gesicht und ergänzte: „Das ist die glücklichste Zeit in meinem Leben.“ Und genau darum geht es, auf welche Weise auch immer Gottes Berufung für das eigene Leben zu finden. Gottes Berufung macht uns glücklich.

Eine meiner liebsten Megaveranstaltungen war der Teenager-Kongress in Recklinghausen. Die Kids begeisterten mich. Ihre Spontaneität, ihr Mut und ihre Offenheit waren ansteckend. Ich war noch etwas müde und wurde von einem schummrigen Gefühl im Bauch geplagt. Der zweite MfJ in Berlin lag gerade erst zwei Wochen hinter mir und, wie bereits erwähnt, ließ mich der Schuldenberg nicht gerade vor Freude tanzen. Um genau zu sein – ich machte eine Krise durch und stellte Einiges in Frage.

Aber da waren die Kids. Ihre erwartungsvollen Gesichter und ihre überschwängliche Begeisterung rissen mich einfach mit. Für sie war alles möglich, und dieser Glaube richtete mich wieder auf und ließ auch mich wieder glauben. Bereits am ersten Abend kamen über tausend Teenager nach vorne, um ihr Leben Jesus zu geben. Ich hatte das Evangelium gepredigt und sie reagierten prompt. Es trieb mir die Tränen in die Augen.

Im Vorfeld hatten viele gute Freunde aus Deutschland und Holland geholfen, den Kongress organisatorisch und geistlich in trockene Tücher zu packen. Die Erwartungen waren auch unter ihnen sehr hoch. Einer der Mitarbeiter bekam sogar in einem der Vorbereitungstreffen den erschreckenden Eindruck, Gott würde jemanden von den Toten erwecken. Während die meisten ein verhaltenes „Halleluja, halleluja" murmelten, schrie in mir alles auf: „Oh Gott, nein. Bitte nicht auch noch einen Toten! Mir reichen die Schulden." Denn bekanntlich muss erst jemand sterben, bevor er erweckt werden kann. Und jemanden sterben zu sehen, in einem von mir verantworteten Meeting, finde ich überhaupt nicht erstrebenswert und schon gar nicht lustig. Auch die Aussicht auf die Auferweckung ändert daran gar nichts.

Mit diesem Hintergedanken im Kopf und der Hoffnung, den gesamten Event unbeschadet abschließen zu können, stand ich am letzten Tag auf der Bühne, als mich über Walkie-Talkie ein Notruf erreichte.

Auf dem Campinggelände hatte sich ein tragischer Unfall ereignet. Eine holländische Mitarbeiterin hatte beim Zurücksetzen ihres voll beladenen Wagens einen kleinen Jungen überrollt. Sein Kopf war zweimal von den Rädern in den Schotter gepresst worden, und es war kein Leben mehr in ihm. Die Fahrerin schrie voller Panik auf und alarmierte dadurch den Vater des Jungen, einen holländischen Arzt. Er hob den leblosen Körper seines Sohnes auf und eilte mit ihm ins Krankenhaus, doch die Ärzte dort schüttelten nur den Kopf und meinten, es sei hoffnungslos.

Als mich diese Botschaft auf der Bühne erreichte, waren gerade alle in Anbetung versunken. Ich stoppte alles und bat Kids und Besucher, für das Leben des kleinen Peter zu beten. Die Reaktion der Kinder löst noch heute eine Gänsehaut bei mir aus. Alle gingen auf die Knie, weinten, flehten und schrieen mit tiefer Inbrunst zu Gott. Sie kämpften förmlich um das Leben des Jungen. Erst nach einigen Stunden kam die erlösende Nachricht: „Peter wird leben."

Am nächsten Morgen durfte der Junge das Krankenhaus quicklebendig verlassen. Sein Vater konnte es kaum fassen und brachte ihn in Holland in verschiedene Krankenhäuser, um ihn auf alles Mögliche checken zu lassen. Überall bekam er die gleiche Antwort: Sein Sohn war vollkommen okay. Hier mache ich eine lange Geschichte kurz. Das ganze ergreifende Ereignis ist dokumentiert in einem holländischen Buch mit dem Titel: „Das Wunder von Recklinghausen“.

Gott ist ein Gott, der Wunder tut. Ein Gott, der vom Tode errettet, so heißt es in Psalm 68,21. Ich glaube zutiefst an diesen Jesus, der gestern, heute und in alle Ewigkeit derselbe ist. Es geht nicht um ein bisschen Religion oder fromme Gefühle, wenn wir uns Christen nennen. Es geht um eine persönliche Beziehung zu diesem lebendigen Jesus und um die Kraft, die in seiner Auferstehung verborgen liegt, die Kraft, die den Tod überwunden hat und immer noch überwindet.

Viele namhafte Freunde, Prediger und Musiker aus Kanada, den USA und Europa kamen zu dem Megakongress und dienten den jungen Leuten in hervorragender Weise. Bei der Abschlussveranstaltung am Samstagabend war das kleine Fußballstadion in Recklinghausen mit 10.000 Besuchern gut besetzt und die segnende Gegenwart des Geistes Gottes umhüllte alle. Noch bis heute lassen sich die Spuren dieses Events verfolgen. Einige der Kids sind in die Mission gegangen und viele sind im vollzeitlichen Dienst tätig oder arbeiten ehrenamtlich in Gemeinden und Werken mit.

Die vielen Auslandsreisen brachten mich rein sprachlich oft an meine Grenzen. Englisch war gefragt und außer einigen Brocken hatte ich auf dem Gebiet nicht viel zu bieten. Ich starb regelmäßig tausend Tode, denn für einen kommunikativen Menschen wie mich ist Sprachlosigkeit die reine Marter. Immer und unter allen Umständen Übersetzer um sich haben zu müssen, kann auch nicht die Lösung sein. Irene war nicht viel besser dran als ich.

Als dann Beth Alves aus Texas an einem Mitarbeiterabend den Eindruck weitergab, Irene und ich sollten für ein Jahr von unseren Verpflichtungen in der FCJG freigesetzt werden, um ein Englischstudium zu absolvieren, traf sie genau den Nerv. Und ich hatte wieder einmal eine Bestätigung von Gottes Fürsorge für alle Belange meines Lebens bekommen.

Bereits wenige Monate danach drückten Irene und ich in Dortmund in einer privaten Sprachschule die Schulbank, ein recht mühseliges Unterfangen für mich, für Irene aber eine ihrer leichteren Übungen. Während sie förmlich unter der Menge der Vokabeln aufblühte, drohte ich unter dem Druck der Grammatik zu verwelken. Ihr schien es überhaupt nichts auszumachen, die Nase acht Stunden am Tag in langweilige Bücher zu stecken, ich rutschte währenddessen nur auf meinem Hintern herum und konnte nicht früh genug alles Papier hinter mir lassen.

Meine Zeit kam dann in den USA. Dort half uns eine Freundin, und die konnte ich anpredigen, natürlich in Englisch.

Insgesamt tingelten wir sechs Monate lang durch die Staaten, von der Westküste bis fast an die Ostküste. Ich predigte und evangelisierte in verschiedenen Gemeinden und auf Konferenzen und praktizierte mein mühsam erarbeitetes Englisch.

Auf der einen Seite also Sieg, und zur gleichen Zeit auf der anderen Seite eine der größten Niederlagen, die ich je einstecken musste: Nikola starb! Einer meiner besten Freunde und Brüder starb! Nikola Nesovic war schon länger krank gewesen. Er hatte an Leberzirrhose und Hepatitis C gelitten, was zu jener Zeit noch kaum erforscht war.

Die ganze Gemeinschaft hatte gebetet, gefastet und gehofft, alle konnten und wollten sich die FCJG ohne ihn gar nicht vorstellen. Er war eine der tragenden Säulen, einer der Visionsgeber, ein treuer Freund und Vater für viele. Er hinterließ ein riesiges Loch. Immer, wenn ich an Nikola denke, gehen mir unzählige Bilder, Situationen und Worte durch den Kopf und ich fühle mich, als ob ich irgendwo etwas vergessen hätte und es ganz schrecklich vermisse.

Irene und ich unterbrachen sofort die USA-Reise, um bei der Beerdigung dabei sein zu können und um Sylvia und ihrem Sohn beizustehen, die ja noch weit härter betroffen waren als wir.

Als ich an Nikolas Sarg stand und in sein lebloses Gesicht starrte, sah ich nur noch seine Hülle, er war wirklich gegangen. Und ein einziger alberner Gedanke kreiste in meinem Kopf herum: „Der Bursche hat sich einfach vom Acker gemacht. Er ist einfach ohne mich abgehauen und ist jetzt da, wo wir immer gemeinsam hinwollten." Wohl ziemlich irre, ich weiß, aber mir war klar, dass er nun glücklich am Ziel war.

Die Beerdigung war beides: ein Trauerzug und ein Triumphzug, je nachdem, aus welchem Blickwinkel man es betrachtete. Warum Nikola schon so früh von uns gehen musste, werde ich wohl erst im Himmel erfahren. Ich habe etliche Fragen, die ich gerne beantwortet hätte; diese steht ganz oben auf der Liste.

Die Neunziger klangen aus, wie sie angefangen hatten, und das neue Jahrhundert brach an, wie das alte geendet hatte. Die Gemeinschaft war mit einer Vielzahl von Aktivitäten im In- und Ausland beschäftigt. Nach Nikolas Tod mussten wir den „Champ" aufgeben. Es fand sich kein Nachfolger für Nikola, der dem Teenagermagazin die noch dringend nötige visionäre Leitung hätte geben können. Auch die Lücke, die Nikola unter den Ältesten hinterlassen hatte, musste erst einmal emotional, geistlich und rein praktisch geschlossen werden.

In der Mitarbeiterschule auf der Wislade wechselte die Leitung, und parallel dazu fand in der Mongolei auch ein Leitungswechsel statt, der nicht gerade ohne Konflikte vonstatten ging. Auf den Philippinen spielte sich dasselbe ab. In Wien sah es auch nicht besser aus. Diese Prozesse waren alle notwendig und deshalb auch gut, aber manchmal schwer einzuordnen, und sie drohten den klaren Blick nach vorne zu vernebeln.

Die Pläne für neue Dienste in Omsk/Sibirien, Austin/Texas, Kaschmir/Indien und Amsterdam lagen bereits auf dem Tisch und mussten im Gebet und organisatorisch vorbereitet werden. Die Teams formierten sich und etliche Gespräche standen an.

Der Verein FCJG kam an allen Ecken und Enden an seine Grenzen und manchmal hatte man das Gefühl, einen dicken, unbeweglichen und in die Jahre gekommenen Gaul zum Hochleistungssport animieren zu wollen. So wurden alte Strukturen über den Haufen geworfen und aus einem wurden fünf Projekt-Vereine gebildet, alle mit eigenen Vorständen und alle eigenverantwortlich. Irene und ich waren endlich freigesetzt von der drückenden Last der geschäftlichen Verantwortung. Halleluja!

Eine Gemeinschaft lebt von Veränderungen. Stillstand bedeutet Tod. Die Jahrtausendwende stand vor der Tür, und im Aufwind dieses Ereignisses fühlten sich viele beflügelt, ihrer Phantasie freien Lauf zu lassen. So auch die Ältesten und ich. Der Jahreswechsel war ein Jahrzehntwechsel, Jahrhundertwechsel und ein Jahrtausendwechsel in einem. Ich meine, nur ungefähr sechs Milliarden andere Menschen hatten mit uns gemeinsam die einmalige Chance, so etwas Historisches zu erleben. Und da musste schon etwas Besonderes her.

Es war nicht weiter verwunderlich, dass ein neuer Traum schon bald die Runde machte, ein Traum, der massenhaft Arbeit und Kraftanstrengung bedeutete. An Ideen hatte es uns nie gemangelt, und dank all der treuen und hingegebenen Mitarbeiter war vieles realisiert worden. Was konnte es Schöneres geben, als mit vielen anderen Christen betend und singend in das neue Millennium zu gehen? Während sich die ganze Menschheit rund um den Globus auf der horizontalen Ebene die Feuerwerkskörper um die Ohren ballerte, würden wir unsere Augen auf die vertikale Dimension konzentrieren und dem Schöpfer dieser Welt huldigen.

Die Idee des *Millennium-Worship-Events* war geboren, 72 Stunden Nonstop-Anbetung. Nach Gebet wurde aus der bloßen Idee ein konkreter Auftrag, und immer tun sich Türen auf, wenn Gott etwas segnet. Wir mieteten die Europahalle in Karlsruhe an und luden befreundete Anbetungsmusiker und Fürbitter ein, mit uns zu feiern. Sie kamen aus Deutschland, der Schweiz, Holland, den USA und Kanada und halfen das große Projekt zu verwirklichen.

Wie uns beflügelte das bevorstehende Ereignis des Jahrtausendwechsels auch andere. Das Gespenst Y2K ging weltweit um und ließ sogar viele Christen in dunkler Vorahnung erstarren. Bücher mit Schauermärchen wurden veröffentlicht und verbreiteten eine wahre Untergangsstimmung. Ganz nebenbei wurde mit der Verbreitung dieser Panik noch ein riesiges Geschäft gemacht. Ich erhielt Anrufe, in denen man mich vor den möglichen Konsequenzen warnte. Natürlich war die Besorgnis echt, konnte aber weder mich noch die anderen bremsen. Als ein sehr lieber befreundeter Christ uns vor der möglichen Massenpanik während eines Stromausfalls warnte, antwortete Irene: „Falls dann auch noch die Notstromaggregate ausfallen, beten wir einfach ohne Instrumente und Mikrofone im Dunkeln weiter an."

Gott hatte zu uns geredet und wir taten nur das, was er gesagt hatte, alles andere lag in seiner Hand. Es kamen fast zehntausend Christen aus 42 Nationen in Karlsruhe zusammen. Von Y2K war nicht mal ein Stromflimmern zu sehen. Danach konnten alle Endzeitbücher und Notfall-Futterkisten in die Tonne geschmissen werden. Schade um das viele Geld, es hätte in der Mission bessere Dienste geleistet.

Um null Uhr, beim Sprung ins neue Jahrtausend, beteten zehntausend Leute Jesus auf den Knien an und feierten gemeinsam das Abendmahl, völlig abgeschottet von einer grölenden, ballernden und besoffenen Welt. Die Atmosphäre in der Halle war einfach traumhaft. Ich fühle mich noch heute privilegiert, dabei gewesen sein zu dürfen. Viele bekundeten später, dieser sei der schönste Jahreswechsel in ihrem Leben gewesen.

Am Anfang des neuen Jahrzehnts flogen Martin, Helmut und ich zum *Afri-Camp* nach Kampala, der Hauptstadt von Uganda. Wir besuchten dort unter anderem den Gebetsberg von John Mulindes Gemeinde und wurden so inspiriert, ganz neu über den Berg Wislade nachzudenken. Er hatte schon oft für Feste, Gebetstreffen, Festivals, Aussendungen usw. herhalten müssen.

Die Atmosphäre auf dem Berg macht es einem leicht zu beten. Nach intensiver Beratung mit den anderen Verantwortlichen entschlossen wir uns, den Berg als „Gebetsberg der Nationen“ für jeden Beter zugänglich zu machen, und weihten ihn unter Mithilfe vieler lieber Freunde bald ein. Mittlerweile wird der Berg im Katasteramt der Stadt Lüdenscheid offiziell als „Gebetsberg“ geführt.

Wer das Klima in Lüdenscheid kennt, weiß, warum die Stadt unter Einheimischen mit dem Spitznamen „Regenscheid“ bezeichnet wird. Einer der Gründe, warum zuallererst an eine Überdachung mit möglichst wärmenden Wänden gedacht wurde. Ein amerikanisches Panzerzelt war die Lösung. Fortan trafen sich dort viele Beter aus den Nationen. Sie tauchten angemeldet oder unangemeldet auf und hinterließen ihre Spuren rund um den Sportplatz in Form eines ausgetretenen Gebets-Trampelpfads.

In den folgenden zwei bis drei Jahren ging es oben auf dem Berg zu wie auf einem riesigen Ameisenhaufen, es wimmelte nur so von Menschen, nicht zuletzt wegen der zwei „Summer of Love“-Festivals, die jeweils mehrere Monate über die Sommerzeit hinweg stattfanden. Dafür musste extra ein großes Tausendmannzelt aufgebaut werden, in das auch die Samstagabend-Gottesdienste verlegt wurden. Es platzte fast an jedem Wochenende aus allen Nähten. In zwei Jahren kamen so mehr als 40.000 Besucher auf den Berg. Die Ordner entwickelten sich zu wahren Profis im Parkplatzdienst. Riesige Autoschlangen parkten an der Straße, und alle umliegenden Parkplätze waren fest in FCJG-Hand. Ein neu eingerichteter Shuttle-Dienst brachte die Besucher auf den Berg und auch wieder hinunter. Die Wislade bebte.

Leider brach das erste Panzerzelt unter einer zu schweren Schneelast zusammen, und das zweite, größere Panzerzelt musste von Amts wegen nach einigen Jahren abgebaut werden. Aber auch hier veränderte Gott scheinbare Schwierigkeiten in

Segen. Wir kamen nicht länger um ein stabiles, gemauertes Gebäude herum. Am 16. Juli 2005 weihten wir das „Gebetshaus der Nationen“ ein – ein herrlicher Ort, an dem jeder herzlich willkommen ist.

Dazu schufen kreative Mitarbeiter einen Gebets-Pilgerweg, der vom Fuß des Berges bis zur Plattform ganz oben führt. Echt sehens- und erlebenswert.

Träume sind keine Schäume

Wer nun denkt, auch nur annähernd das Ausmaß dessen erfasst zu haben, was die FCJG ist, tat und tut, den muss ich leider enttäuschen. Nicht einmal eingefleischte Mitarbeiter können das erfassen. Selbst für mich ist es unmöglich, und ich war an allem maßgeblich beteiligt. Und was in den nächsten Jahren noch für uns bereitliegt, weiß nur der Herr.

Unzählige kleinere und größere Konferenzen, Seminare und Gottesdienste sowie Konzerte, Missionsreisen und Arbeiten habe ich nicht erwähnen können. Dazu kommen Tausende Mitarbeiter, die über die Jahre hinweg für kurze oder lange Zeit Teil dieser Gemeinschaft waren und hier eigentlich genannt werden müssten. Viele Freunde, verstreut auf dem Globus, erweitern das Spektrum noch. Wahrscheinlich käme ein Buch mit dem Umfang des Berliner Telefonverzeichnisses dabei heraus, wollte ich alles aufschreiben, selbst ohne irgendwelchen zusätzlichen Lehrstoff.

An einem Projekt beißen wir uns schon seit Jahren die Zähne aus. In Bezug auf eine neue große Halle geht nichts vor und nichts zurück. Sie lässt einfach auf sich warten. Jeder verheißungsvolle Plan zerschlug sich immer auf dem letzten Drücker. Trotz eifrigen Gebets und finanzieller Zuwendungen sind wir noch nicht fündig geworden. Wer weiß, was da noch kommt, vielleicht etwas, was wir uns heute noch nicht vorstellen können.

Der aufmerksame Leser wird nun denken: „Was für eine Erfolgsgeschichte!" Das ist richtig beurteilt, aber diese Geschichte hat auch ihren Preis gekostet. Es ging nicht immer nur von Sieg zu Sieg, sondern auch manchmal ganz schön „unten durch".

Ich könnte ein ganzes Buch darüber schreiben, welchen Preis geistliche Leiter zu zahlen haben, wenn sie sich in herausfordernden Dimensionen mit Gott bewegen müssen. Das sage ich nicht, um mich zu beklagen, denn ich weiß, dass ich weiß: Alle Dinge müssen denen zum Besten dienen, die Gott lieben (Römer 8,28).

Das Buch Hiob beeindruckt mich zutiefst. Wenn jemand zu mir kommt und ankündigt: „Ich habe eine Hiobs-Botschaft für dich", dann ruft das in mir ein „Halleluja" hervor. Denn am Ende wird alles sehr gut werden und der Segen des Herrn kommt in doppelter Weise auf die, die in Notlagen nicht sündigen und nichts Törichtes gegen ihn tun oder sagen. In Krisen und Leid werden wir von Gott erzogen und trainiert und zu wirklich tragfähigen Männern und Frauen Gottes geformt.

Gerade schwierige Situationen bringen an den Tag, wo man in seiner Beziehung zu Gott steht. Seine Söhne und Töchter sollen ihre innere Sicherheit, Identität und Geborgenheit absolut und hundertprozentig in ihm haben. Er will das Vertrauen seiner Kinder. Wir sind vor ihm wie ein aufgeschlagenes Buch. Er kann beliebig eine Seite nach der anderen aufschlagen und studieren und sieht genau, wie viel Gottvertrauen vorhanden ist. Es ist wichtig zu verstehen, dass wir von Zeit zu Zeit Erschütterungen brauchen. Sie sind die Essenz eines stabilen Christenlebens.

Hiob ist das große Vorbild. Ihm wurde alles genommen, nur seine bittere und nörgelnde Frau blieb übrig. Als es dann auch noch an seinen Körper ging und er bei lebendigem Leib verfaulte, bedrängte sie ihn, Gott abzusagen und aufzugeben. Doch er blieb fest: „In dem allem sündigte Hiob nicht, sondern betete Gott an." Als seine Lebenskrise am größten war und er kaum noch Hoffnung auf Veränderung hatte, rief er aus: „Ich weiß, dass mein Erlöser lebt" und „Der Herr hat es gegeben, der Herr hat es genommen. Gelobt sei der Name des Herrn." Welch eine Größe! Ich meine, er war nicht beleidigt, weil die Schwester in der Gemeinde ihn nicht gegrüßt hatte oder er an einem Wehwehchen litt. Bei ihm ging es ans Eingemachte, weit über die Schmerzgrenze hinaus.

Einen kleinen Geschmack davon bekam ich, als eines Tages ein Arzt in meiner Speiseröhre drei zweieurostückgroße Tumore feststellte. Sie griffen ineinander wie ein Reißverschluss, versperrten jeglicher Nahrung den Weg und verursachten so unerträgliche Schmerzen beim Schlucken. Bei der Diagnose nahm der Arzt unvorsichtigerweise das Wort „Krebs" in den Mund und löste damit bei mir eine Kettenreaktion aus. Intensiv, wie ich nun einmal bin, reichte die Skala meiner Empfindungen von depressiver Gemütsstimmung über inneres Um-mich-Schlagen bis hin zur Kapitulation.

Ergeben betete ich: „Herr, wenn es wirklich Krebs ist und ich vielleicht nicht mehr lange zu leben habe, dann muss das erst an dir vorbei und du musst dein ‚Ja' dazu geben. Lass mich noch so viel Frucht wie nur möglich bringen oder sende mich in ein Land, in dem das Evangelium nur unter allergrößter Gefahr verkündigt werden kann." Gott ist gut, die Tumore waren nicht bösartig und konnten mit Medikamenten behandelt werden.

Trotzdem durchlebte ich einen winzigen Teil von Hiobs Leiden. Und ich passierte diese Hürde nicht annähernd so bravourös wie er. Dieser Mann hatte seine Identität vorbildlich in Gott, und der belohnte ihn zu gegebener Zeit. Hiob wurde 120 Jahre alt und bekam noch einmal alles zurück, was er verloren hatte, und vieles mehr oben drauf. Er starb alt und lebenssatt und erreichte die Vollzahl seiner Jahre.

Mein persönlicher Dienst ist über die Jahre enorm gewachsen. Mittlerweile bin ich weltweit unterwegs und habe auf allen fünf Kontinenten gepredigt. Dabei pendelte die Menge der Zuhörer zwischen 10 in Brasilien in einer Missionsschule und 100.000 in Manila bei einer Jugendkonferenz. Eines bleibt immer gleich: Mit Gott zu leben und in der Berufung zu gehen bedeutet große, unsagbare Freude. Das ist auch für mich so. Wenn ich predigen und evangelisieren darf, fühle ich mich wie ein Fisch im Wasser.

Geistliche Leiter sind dem Erziehungsprozess der Liebe Gottes fortdauernd ausgesetzt. Natürlich gilt dies für jeden Christen, aber der, der anderen predigt, wird härter rangenommen. Er muss dem eigenen Maßstab standhalten. Alles andere wäre nicht fair. Den vielleicht größten Fehler begehen wir, wenn wir die Augen auf die Umstände und Probleme dieser Welt richten, anstatt uns auf Jesus zu auszurichten, den Problemlöser. Mit nach hinten oder nach unten gerichtetem Blick wird es sehr schwer sein, einen geraden Weg in allem Chaos dieser Welt zu finden. Dazu kommt: Ein Leiter ist nicht alleine auf dem Weg, er führt andere. Wenn er in die Irre geht, gehen andere mit.

Aber wenn wir Jesus betrachten, verändert er uns in sein Bild. Jesu Charakter entwickelt sich in uns. Es ist zwar toll, Charisma zu haben, aber Jesu Gesinnung zu haben ist besser. Gerade auf der Bühne lauert der Stolz an allen Ecken und Kanten. Durch ihn werden Begabungen und Berufungen permanent torpediert. Das gilt nicht nur für Prediger, sondern für jeden, der in irgendeiner Weise dem Leib Christi dient.

Speziell in der Gemeinde Jesu verkehren sich die Verhältnisse auf diesem Gebiet sehr schnell. Im säkularen Bereich arbeiten talentierte Künstler ihr ganzes Leben lang von morgens bis abends sehr hart an ihrer Karriere. Mit viel Glück dürfen sie ab und zu vor einem kleineren Auditorium ihr Können zum Besten geben. In der Gemeinde Jesu dagegen bekommen selbst die Unbegabtesten die Chance, vor einem riesigen Publikum aufzutreten. Und die lieben Christen werden immer klatschen und ermutigen. Nur wird so das Bild verzerrt und viele werden dadurch vielleicht verkehrt aufgebaut. Wahre Begabungen und Berufungen werden wahrscheinlich sogar blockiert. Das ist sehr tragisch.

Die Herausforderung ist nicht, auf der Bühne oder vorm Altar zu glänzen, sondern den Ehepartner und die Kinder zu lieben und zu respektieren, den Nächsten sein Herz finden zu lassen und dem Frieden mit den Gemeindegliedern nachzujagen. Die ganz natürliche Welt um uns herum ist das Übungsfeld, auf dem wir geprüft und trainiert werden. Gott sei Dank, er findet immer Mittel und Wege, uns unser eigenes Ich vor Augen zu halten. Wenn wir uns dem stellen und uns demütig und gehorsam in sein Wirken eingliedern, wird er mit uns ans Ziel kommen.

Das erinnert mich an eine Anekdote aus meiner Zeit im Wiedenhof. Ich war dafür verantwortlich, die Rundbriefe zur Post zu bringen: etliche schwere Kisten ins Auto und anschließend in den Schalterraum zu hieven. Hier trieb mich regelmäßig ein ganz bestimmter Beamter zur Weißglut, der mich mit allem Zeug von Pontius zu Pilatus schickte. Dabei ging echt viel Zeit drauf und es kostete auch einiges an Kraft. Als ich das etliche Male mitgemacht hatte, hatte ich die Nase wirklich voll. Langsam, aber sicher stieg ein heiliger Zorn in mir auf. Da ich aber nichts Törichtes über meine Lippen kommen lassen wollte, verfiel ich auf eine geniale Idee: Ich delegierte die Aufgabe. Nun war Nikola der Dumme und kam in den Genuss der segnenden Erfahrungen. Es handelte sich also nicht um einen Angriff auf meine Person, sondern der Beamte war offensichtlich höchst frustriert und ließ das an den Kunden aus. Endlich ging Nikola und mir ein Licht auf und wir taten das Richtige. Wir beteten für den Mann und brachten ihm ein Geschenk. Ab da war Ruhe, und das Kistenschleppen war nur noch halb so schlimm.

Es geht nicht darum, Menschen zu erziehen und so zu verändern, dass sie uns in den Kram passen, sondern darum, sie voller Wertschätzung zu achten und anzunehmen. Genauso hat Jesus auf dieser Erde gelebt. An keiner Stelle des Evangeliums lesen wir, er habe einen Menschen verachtet oder sich auf Kosten eines anderen selbst groß gemacht. Jesus hatte seine Sicherheit in seinem himmlischen Vater, und so konnte er lieben, weil er sich geliebt wusste.

Abschließend wäre zu sagen: Egal, was an Negativem in unser Leben kommt, Krankheiten, Misserfolge oder sogar Verleumdung und Verrat, alles muss zuerst an Gott vorbei. Nur mit seiner Erlaubnis dürfen diese Dinge uns angreifen. Steht man in der Öffentlichkeit, bleiben Neid und Missgunst nicht aus. Auch ich bleibe davon nicht verschont. Es sind Lügen über mich verbreitet worden und man hat mir Worte in den Mund gelegt, die ich so niemals gesagt habe. Menschen, denen in der FCJG geholfen und gedient wurde, haben sich abgewandt und mit falschen und boshaften Behauptungen öffentlich versucht, mich und die Gemeinschaft in Misskredit zu bringen. Ich habe mich in solchen Fällen niemals gerechtfertigt und werde es auch in Zukunft nicht tun. Gott ist der, der für mich streitet, das hat er versprochen. Außerdem ist die kleinste Kraftanstrengung in diese Richtung schon zu viel. Es gibt wichtigere Fronten, an denen es sich lohnt, Kraft zu investieren. In diesem Bewusstsein lebe ich mit Gott und werde nicht im Fleisch gegen den Geist Gottes kämpfen, wenn er mich geistlich trainieren und erziehen will.

Viele Kindheitsträume sind für mich Realität geworden. Ich bin dort hingereist, wo die Sonne auf- und dorthin, wo sie untergeht. Dem Blick aus dem Fenster der elterlichen Wohnung sind zahlreiche Blicke aus den Fenstern von Flugzeugen vieler Airlines gefolgt. Dabei habe ich entdeckt: Die Welt der Wunder hat noch mehr zu bieten, als ich mir in den kühnsten Träumen vorstellen konnte, Wunderbares, aber auch Verwunderliches. Beim Verwirklichen des Traums, diese Welt ein wenig besser zu machen, helfen mir viele Weggenossen. Sie sind diejenigen, die an den Hecken und Zäunen dieser Welt den Dienst an Armen und Hilfsbedürftigen tun und so eine Leuchtspur der Liebe Gottes hinterlassen. Zahllose Menschen mit unterschiedlichen Hautfarben und Sprachen haben davon profitiert und ihrerseits wiederum Frucht gebracht – eine Kette von ineinander verschlungenen Existenzen, die hoffentlich nie ein Ende findet.

Meinen Wunsch, Teil einer großen Familie zu sein, konnte ich hautnah in unserer Gemeinschaft leben: dreißig Jahre intensives

Miteinander, alle Höhen und Tiefen inklusive. Dabei sind mir einige Geschwister so nahe gekommen, wie es wohl selbst bei Verwandten nicht unbedingt immer der Fall ist. Gegenseitiges Tragen und Ertragen, Freisetzen und Korrigieren und das Entwickeln und Umsetzen neuer Ideen sowie das gemeinsame Gehen der dazu nötigen Wege gehören genauso dazu wie das Stützen und Helfen, wenn Schwachheit, Krankheit oder Anfechtung drohen – eben das ganz normale Leben teilen, mit allem Drum und Dran.

Und ich bin Glied in einer weltweiten Familie, die auf ihrem Wappen „Liebe, Glaube und Hoffnung“ eingraviert hat. „Make love, not war“ ist out, „Gott ist Liebe, er gibt Frieden“ ist in. Auch heute treffe ich Gleichgesinnte, die ich nicht kenne, aber gleich erkenne. Sie sind genau wie ich auf dem Weg. Nicht selten gehen wir ein Stück des Weges gemeinsam und fordern dabei andere auf, mit von der Partie zu sein. In vielen Ländern stehen Gemeinde- und Haustüren für mich offen, hinter denen Menschen wohnen und leben, die, genau wie ich, zur unzählbaren Schar der Kinder Gottes gehören. Der Gedanke, ein winziger Teil des Ganzen zu sein, hat nichts Erschreckendes mehr, er ist vielmehr tröstlich.

Mein missionarischer Tatendurst brennt immer noch, nur sind es jetzt nicht mehr irgendwelche Banalitäten, für die ich andere zu gewinnen suche. Heute stehen mir meistens Bühnen oder Kanzeln zur Verfügung und ich brenne mehr denn je dafür, andere mit meinen neuesten Erkenntnissen zu beglücken. Wenn dann die Zuhörer ihrerseits Resonanz zeigen, schlagen die Flammen meines missionarischen Eifers bis in den Himmel. Dabei erlebe ich Abenteuer über Abenteuer, und von Langeweile oder ödem Einerlei kann wirklich keine Rede sein. Meine Tage sehen niemals gleich aus. Ich weiß nur selten, was morgen sein wird – und ich liebe es.

Dazu kommt: Die Musik macht immer noch einen großen Teil meines Lebens aus. Es fängt meistens morgens in meiner

Zeit mit Gott an, wenn ich ihm meine Liebe in Form von musikalischer Anbetung bringe, geht dann weiter über den Tag, in denen entweder Klänge aus der Stereoanlage zu hören sind oder live in irgendwelchen Meetings kreiert werden, und endet abends in Gottesdiensten und anderen Treffen. Anbetung gehört immer dazu. Die evangelistischen Konzerte sind der Zuckerguss obendrauf. Gott hat mir nichts genommen, im Gegenteil, er hat mir unendlich viel mehr gegeben.

Zwei Träume habe ich noch immer. Der eine ist der, die Einheit des Leibes Christi erleben zu dürfen. Ich habe über die Jahre hinweg viele gute und verheißungsvolle Ansätze gesehen, und vieles hat sich im Denken über den Anderen und im Umgang miteinander auch schon getan. Aber das ist noch nicht diese Einheit, die Jesus so beschreibt:

> „Ich bete darum, dass sie alle eins seien. So wie du in mir bist und ich in dir, Vater, so sollen auch sie in uns eins sein! Dann wird die Welt glauben, dass du mich gesandt hast“ (Johannes 17,21).

Mein zweiter Traum ist der Wunsch, den Missionsbefehl erfüllt zu sehen. Ich möchte erleben, dass das Evangelium bis an die Enden der Erde verkündigt wird und in allen Familien, Sippen, Sprachen, Ländern und Kulturen Fuß fasst und die „Vollzahl der Heiden“ eingeht in das Reich Gottes.

Ich schreibe dies, um alle zu ermutigen, deren Kindheitsträume auf dem Weg ins Erwachsenenleben irgendwo verloren gegangen sind. Vielleicht waren falsche Entscheidungen, trügerisches Unmöglichkeitsdenken oder ein verfälschtes Gottesbild die Ursache. Egal, was auch immer der Grund war, ich bin zutiefst überzeugt, dass Gott einem Menschen bereits in die Wiege legt, was ihn ausmacht und ihm am meisten Glück schenkt. Es liegt an uns, durch Gottes Treue Träume Wirklichkeit werden zu lassen, und er bleibt treu, auch wenn wir untreu sind, und wird tun, was er zugesagt hat.

Gott möchte glückliche Kinder und Nachfolger, die andere Menschen glücklich machen, Jünger, die ihre Identität in ihm finden, die die Würde des Menschen hoch halten und in ihrer Bestimmung leben. Die glücklichsten Menschen sind nicht die, die in der westlichen Zivilisation geboren wurden, eine Karriereleiter erfolgreich erklommen haben, über genügend Geld verfügen und sich fast alles leisten können. Auch eine liebe Familie und schöne Urlaubsreisen machen nicht glücklich. Das sind alles tolle Dinge, die ein Leben lebenswert, angenehm und reich machen. Von Herzen glücklich aber sind nur die, die wissen, dass sie im Zentrum des göttlichen Willens leben und so diese Welt entscheidend zum Guten verändern.

Ob es sich dabei um historische Größen wie Graf von Zinzendorf und Georg Müller handelt, um bekannte Zeitgenossen wie Billy Graham und Mutter Teresa oder eines der unzähligen „No-name-Gotteskinder", die irgendwo treu und verlässlich ihren Dienst verrichten, sie alle könnten bestätigen: Sich von Gott beglücken zu lassen und dieses Glück mit anderen zu teilen befriedigt Seele und Geist.

Manchmal sagen Christen Sätze wie: „Es ist schwer, mit Gott zu leben." Das sehe ich grundsätzlich anders. Es ist schwer, ohne Gott zu leben. Wirklich mit ihm zu gehen ist leicht. Jesus selber sagt: „Mein Joch ist sanft und meine Last ist leicht" (Matthäus 11,30).

Das erinnert mich an die Geschichte vom Tramper. Er stand an der Straße und hielt den Daumen raus, auf seinem Rücken schleppte er einen riesigen, schweren Rucksack. Ein LKW hielt an und der Tramper kletterte mühsam auf die Ladefläche. Am Ziel wunderte sich der Fahrer, warum sich hinten nichts rührte. Er sah nach und fand den Tramper tot vor, erdrückt von seinem eigenen Rucksack. Er hatte ihn nicht von den Schultern genommen, warum auch immer. Schön blöd, könnte man meinen. Aber verhalten wir Christen uns nicht oft genauso? Wir tragen Lasten, die Jesus schon lange von unseren Schultern nehmen wollte.

Schwer wird es nur, wenn wir kämpfen, obwohl der Sieg schon errungen ist. Wir sind grundsätzlich zum Sieg berufen. „Gott aber sei gedankt, der uns allezeit Sieg gibt in Christus" (2. Korinther 2,14).

Ein wesentlicher Faktor zum Erreichen seiner Bestimmung ist Versöhnung. Es ist wichtig, allen Schuldigern von ganzem Herzen zu vergeben, so wie Gott uns auch vergeben hat. So kann keine Bitterkeit unser Leben zerfressen und es unrein machen. Wer hier nicht sauber lebt, wird sich ständig selber blockieren und nicht in das hineinfinden, was Gott eigentlich für ihn hat. Es ist besser, sich Unrecht zufügen zu lassen, als für sein Recht zu kämpfen und sich stets zu rechtfertigen. Ich für meinen Teil glaube, dass Jesus meine Gerechtigkeit ist, und ich überprüfe mich wöchentlich, ob ich an irgendeinem Punkt bitter bin oder Tendenzen von Unversöhnlichkeit in mir zugelassen habe.

Jesus geht sogar so weit, dass er sagt, wir sollen unsere Feinde lieben. Eine gewaltige Herausforderung, der man nur in der Kraft des Heiligen Geistes begegnen kann. Er setzt sogar noch einen oben drauf, indem er sagt: „Tut wohl denen, die euch hassen, segnet, die euch verfluchen, bittet für die, die euch beleidigen. Und wer dich auf eine Backe schlägt, dem biete die andere auch dar; und wer dir den Mantel nimmt, dem verweigere auch den Rock nicht. Tut Gutes und leiht, wo ihr nichts dafür zu bekommen hofft. So wird euer Lohn groß sein" (Lukas 6,27ff).

Welch eine gewaltige Dimension der Liebe Gottes! Darauf wartet diese Welt. Wir sollen mit guten Werken das Böse überwinden und nicht einen Moment lang einem Gefühl oder Gedanken der Rache und Vergeltung Raum geben. Ich sage es hier noch einmal: Gott gibt dem Demütigen Gnade. Und der Gehorsame rennt bei seinem Gott offene Türen ein. Es ist eine herrliche Sache, wenn sich im Leben eines Christen eine Mentalität entwickelt, die sich über den Erfolg des anderen freut.

Und damit wäre ich schon bei einem nächsten Punkt, der mit Bestimmung zu tun hat. Ich glaube ganz grundsätzlich: Alle Christen und alle, die es noch werden, sind von Gott beauftragt, ein großer Segen in dieser Welt zu sein.

Sicherlich hat der Leser dieses Buches bemerkt: Die geistlichen Aufbrüche in der Mongolei finden nicht durch mich statt oder einen anderen geistlichen Leiter, sondern durch viele ganz normale Männer und Frauen, Jugendliche und sogar Kinder, die Jesus von ganzem Herzen lieben. Und wenn wir in die Kirchengeschichte zurückschauen, dann sehen wir, wie das Reich Gottes über zwei Jahrtausende von zahllosen unbekannten Jüngern gebaut und durchgetragen wurde. Ganz speziell in der jetzigen Zeit erleben wir, wie Millionen von Nachfolgern Jesu Gewaltiges für das Reich Gottes vollbringen.

Ich habe das *Dream Center* in Los Angeles vor Augen. Mittlerweile sind Hunderte in diesem ehemaligen Krankenhaus mitten in der Stadt durch die Liebe Gottes und sehr hingegebene

Christen geheilt und befreit worden. Tausende sind durch dieses Zentrum gesegnet worden und eine schnell wachsende Gemeinde ist entstanden. Und wie fing alles an?

Ein Team von Jugendlichen aus Phoenix, Arizona, nutzte den Sommerurlaub für einen missionarischen Einsatz, und zwar in Downtown LA, einer sehr gefährlichen Gegend. Sie verbrachten Zeit mit den Kids, die auf der Straße herumlungerten und die keine Perspektive für ihr Leben entwickeln konnten, die von vornherein chancenlos waren. Aber sie bekehrten sich, und als der Einsatz zu Ende ging, entschloss sich das Team dazubleiben, und jetzt schreiben sie gemeinsam mit den Straßenkindern Geschichte mit Gott. Christen aus ganz Amerika unterstützen sie. Und aus den Nobodys sind im ganzen Land bekannte Heroes für Gott geworden.

Ich habe die jungen Leute vor Augen, die zu uns auf die Schule für Evangelisation und Weltmission kamen und die im Januar 2003 nach Kaschmir aufbrachen, um dort das Evangelium zu verkündigen, den Armen zu dienen und Menschen zu Jüngern zu machen. Im selben Zeitraum gingen drei junge Ehepaare nach Texas, um dort in Austin den Runaway-Kids auf den Straßen zu dienen.

Wenn man also in seine Berufung kommen möchte, reicht es nicht aus, nur zu beten, man muss auch gehen. Auf keinen Fall sollte man einfach losrennen, um überhaupt irgendetwas zu tun. Es ist wichtig, in einer verbindlichen Gemeinschaft zu leben, sich dort zu bewähren, aber auch gefördert zu werden, immer mit dem Blick, diese Welt mit dem Evangelium zu beeinflussen. Manchmal denke ich, wir könnten ruhig fünfzig Prozent unserer Gemeindeglieder aussenden, und Gott würde uns enormes Wachstum schenken.

Denn das Wertvollste, was wir zu geben haben, ist nicht Geld, sondern Menschen. Menschen erreichen Menschen. Und unsere Gemeinden und Gemeinschaften sollten doch eigentlich Trainingszentren sein, wo wir zugerüstet werden, das gute Land einzunehmen. Es geht um mehr als zu überleben und unsere Seligkeit mit Ach und Krach in den Himmel zu bringen. Es geht darum, viel, viel Frucht zu bringen.

An dieser Stelle möchte ich zum Abschluss kommen mit zwei Versen aus dem Johannesevangelium, wo es heißt:

> „Ihr seid meine Freunde, wenn ihr tut, was ich euch gebiete. Nicht ihr habt mich erwählt, sondern ich habe euch erwählt und bestimmt, dass ihr hingeht und Frucht bringt und eure Frucht bleibt“ (Johannes 15,14.16).

Es hat also mit Hingehen zu tun. Und dem, der sich bewegt, innerlich und äußerlich bewegt, hat Jesus Folgendes verheißen:

> „Die Zeichen aber, die folgen werden denen, die da glauben, sind diese: In meinem Namen werden sie böse Geister austreiben, in neuen Zungen reden ... auf Kranke werden sie die Hände legen, so wird‘s besser mit ihnen werden“ (Markus 16,17-18).

Ich hoffe, dieses Buch hilft dir, tiefer zu erfassen: Du bist wertvoll für Gott. Er hat dich genial erschaffen, von ihm kommst du, für ihn sollst du auf dieser Erde leben und zu ihm sollst du auch wieder gehen.

Du hast schon einen Sieg errungen, bevor du geboren wurdest. Bei deiner Zeugung besiegtest du Millionen anderer Spermien und landetest den Volltreffer. Du hast es geschafft dich einzunisten. Ein Erfolg gegen eine zahlenmäßige Übermacht. Dann bist du unter dem Herzen deiner Mutter herangewachsen, ohne umgebracht zu werden. Gott beschützte dich. Möglicherweise bist du nicht einmal unbedingt von deinen Eltern geplant gewesen. Aber Gott hatte dich geplant, und sein Plan ist gültig bis in Ewigkeit. Bei deiner Geburt war dein himmlischer Vater da und von deinem ersten Schrei total entzückt. Was er macht, das macht er immer gut. Nein, er macht es sehr, sehr gut!

Der einzige Grund für unser Hiersein, unsere einzige Bestimmung ist: Wir existieren ausschließlich und alleine zu seiner Ehre. Alles was wir denken, fühlen, planen und zu tun beabsichtigen, alle Entscheidungen, die wir treffen, sollten eines zum Ziel haben: Gott soll groß und seine Liebe sichtbar werden. Welch ein gewaltiges Privileg ist es doch, zur Ehre Gottes leben zu dürfen! Wir sind doch von Gott dazu berufen, als gekrönte Kinder Gottes schon auf dieser Erde zu seiner Ehre zu leben.

> Gott hat uns „mit Herrlichkeit und Ehre gekrönt" (Hebräer 2,7).

> „Du hast ihn [den Menschen] wenig niedriger gemacht als Gott, mit Ehre und Herrlichkeit hast du ihn gekrönt. Du hast ihn zum Herrn gemacht über deiner Hände Werk, alles hast du unter seine Füße getan" (Psalm 8,6-7).

> „… der dir alle deine Sünde vergibt und heilet alle deine Gebrechen, der dein Leben vom Verderben erlöst, der dich krönet mit Gnade und Barmherzigkeit" (Psalm 103,3-4).

Welch ein Gott, der uns mit so viel Würde umgibt! Jesus spricht über Johannes den Täufer: „Wahrlich, ich sage euch: Unter allen, die von einer Frau geboren sind, ist keiner aufgetreten, der größer ist als Johannes der Täufer; der aber der kleinste ist im Himmelreich, ist größer als er“ (Matthäus 11,11).

Also, wenn du dir auch noch so klein vorkommen solltest im Reich Gottes, Jesus erhebt dich hier über Johannes den Täufer. Und so wie du unglaublich wertvoll bist für Gott, so sind es alle Menschen. Egal, welche Hautfarbe sie haben, in welchem Kulturkreis sie geboren sind, zu welcher Religion sie gehören oder ob sie völlig säkular oder atheistisch an allem vorbei leben. Gott hat sie alle geschaffen. Er hat sie alle gewollt. Und für alle seinen Sohn sterben lassen am Kreuz. So sehr hat er sie geliebt. Dies sollte deine, meine und die Perspektive aller Christen sein.

Ich bete, dass du, lieber Leser dieses Buches, Gott kennen lernst, wie er wirklich ist, wenn du ihn noch nicht kennst, und dass es, wenn du ihn schon kennst, zu einer Reaktion in deinem Leben kommt wie bei den ersten Christen, ohne die es uns heute nicht gäbe. Von ihnen heißt es am Ende des Markusevangeliums: „Sie aber zogen aus und predigten an allen Orten und der Herr wirkte mit ihnen und bekräftigte das Wort durch mitfolgende Zeichen“ (Markus 16,20).

Wenn du Hilfe benötigst, wende dich doch bitte vertrauensvoll an unser Büro.

Bitte beachten Sie auch
die Hinweise auf den folgenden Seiten

Rudi Pinke im ASAPH-Verlag

Rudi Pinke

Mann sein?- (k)ein Problem

Die Heilung von der Vaterwunde

Taschenbuch; 96 Seiten; Best.-Nr. 147344

In Ihrer Buchhandlung oder direkt beim Verlag